中学校3年間の英語表現500が1カ月で覚えられる本

『スタディサプリ』英語講師

関 正生

get to　Guess what!　look after

かんき出版

たくさんの受験生の人生を変えた 「1カ月1000単語習得メソッド」を"英語表現"にも！

　25年以上に渡り英語を教えてきたなかで、毎年必ず授業で話しているのが「1カ月1000単語習得メソッド」です。常識では「1カ月で1000個も覚えるなんて絶対ムリ…」と思われるでしょうが、「やり方を劇的に変えることで『劇的な効果』が生まれる」という信念のもと、中学生・高校生・大学生・社会人問わず、毎年話してきました。予備校の教室はもちろんのこと、今ではオンライン予備校「スタディサプリ」を通じて、100万人以上のユーザーに伝えています。

　それに加え、NHKラジオ『基礎英語2』の連載を通じて、NHKラジオのテキストという、誰もが知る媒体で全国の中学生にもこの方法を伝えることができましたし、とある有名企業で講演したときにも、40代・50代の社会人にこの方法での単語習得を勧めました。まさに年齢を問わず通用する方法論です。

　この「1カ月1000単語習得メソッド」を1冊のワークブックにまとめたのが『中学校3年間の英単語が1カ月で1000語覚えらえる本』で、この本は発売からあっという間に、全国の中学生、さらには小学生や社会人の方からも、「1カ月で1000個の英単語を覚えられた！」という感想・報告を頂きました。さらに、「熟語などもこのメソッドで覚えたい」という声に応える形で、本書をお届けしたいと思います。ただ、熟語などの表現は単語よりも長い（2語以上になる）ため、「1カ月500個」を目標としたいと思います。

※本書では「英熟語や会話の決まり文句など」をまとめて「英語表現」と示すこともあります。

◀ コツコツやるから挫折する

「1カ月での習得メソッド」なんて聞くと、怪しい方法を想像するかもしれません。もしくは「右脳」がどうとか、「記憶のためには寝る前がいい」とか…。もちろんそういう話もあっていいわけですが、ボク個人は脳科学には興味がありませんし、現実には中高生にそういった話はあまり響かないようです。

では、何が必要なのか？　それは「単語や熟語の覚え方に対する意識改革」です。ズバリ、ひと言でまとめるなら…

暗記モノは一気にやる！

これなんです。「そんなことかよ」と思うかもしれませんが、ここに大きな誤解があるんです。というのも、単語・熟語の話になると、なぜか「少しずつコツコツやるもの」という考えが広まっていますよね。

でも実際に少しずつコツコツやれる人（子どもでも大人でも）って、ほとんどいないのではないでしょうか。少なくともボク自身はコツコツなんてできませんし、予備校講師としてたくさんの生徒を見てきた立場から断言できますが、「コツコツやれる子は超少数派」です。学校のクラスで1人、2人でしょう。つまり、クラス1・2を争う努力家・真面目な性格の人はそれでうまくいくわけですが、ボクを含む大半の人はコツコツやることなんてできないのがふつうなんです。ちなみに、コツコツやれる人は成績が上がります。そういう人が勉強を教えるときに「コツコツやることが大事」と言うだけなんです。確かに「大事」ですが、「実行」ができないんです。

コツコツできないなら、一気にやってしまえばいいだけです。本書で「一気にやっていいんだよ」と英語のプロが伝えることには意味があるはずです。みなさんにもここで一度、腹をくくって、1カ月だけ気合を入れて「実行」してほしいのです。
　きっと世界が変わりますよ。

関　正生

今は小学校でも英語の授業があるので、何が中学レベルなのかあいまいなところもあるため、本書で扱う表現 500 個の選定方針を以下に示します。本書に収録したものは 3 つに分類できます。

(1)メイン表現450個：各ZONEに90個ずつ

「中学校の教科書レベル」の表現です。各 ZONE で 90 個ずつ、5 つの ZONE の合計で 450 個の中学レベルで重要な表現を載せています。

本書では、純粋な意味での中学レベルの英語表現（教科書で扱う表現・公立高校入試で必要とされる表現）をターゲットにしています。

(2)オリジナルのセレクト表現50個：各ZONEに10個ずつ

ただ教科書レベルの表現を載せるだけでもいいのですが、せっかくなので各 ZONE に 10 個、独自にセレクトした表現を載せました。それらは教科書や従来の単語・熟語帳に掲載されているといったこととは一切関係なく、中学レベルの英語で知っておくと便利で役立つ表現です。最近の高校入試の長文や英作文対策・外国人旅行者への日本紹介・海外の友達との会話などでも活躍してくれるものばかりです。

◉ 世代別の想定読者

①大学生・社会人

「大人のやり直し」として、中学範囲の英語表現を短期で片付けてしまいたい人。単語はともかく、熟語などの表現に不安がある人。

②高校生

1 カ月で中学レベルの英語表現を一気に復習したい高校生。ボクはオンライン予備校「スタディサプリ」で動画講義を行っていますが、ボクが担当する中学生向けの授業は、全国たくさんの高校でも利用されています。ですから、高校生にも役立つものとなるはずです。

③中学生

これから習うものも含めて、表現だけ 1 カ月で覚えてしまおうという中 1、中 2 生。また、高校入試前に基本表現を総チェックしておきたい中 3 生。

◀ 典型的な失敗パターン

　以下は『中学校3年間の英単語が1カ月で1000語覚えられる本』でお伝えしたものです。覚えるメカニズムは単語も熟語も同じなので、まずは単語の場合で理解していきましょう。

　みなさんが今から新しい単語帳にチャレンジすることを決意したとします。その単語帳には1000個の英単語が載っています。では、そこで質問です。

> **Q 「1日に何個ずつ」進める計画を立てますか?**

　この質問を予備校で高校3年生に聞くと、だいたいが以下の回答です。

「1日10個」「20個ずつ」

　9割以上の人が10〜20個程度ずつと答えます。でも、実はここに失敗があるんです。1日10個ずつやると、1000個終えるためには(1日もサボらずにやっても)100日かかります。20個でも50日かかりますね。もちろん1回で覚えることなど人間にはできませんから、1日に20個ずつ取り組んでも、51日目にはまた最初の単語に戻りますね。そこで2つ目の質問です。

> **Q 「初日にやった20個の単語」のうち、51日後は「何個を覚えている」と**
> **　 思いますか?**

　これも予備校でたくさんの生徒に聞いた質問です。みんなこう言うんです。

「5、6個」「半分(10個)はいかないかな」

　…絶対にウソだ!

　いいですか、50日も間隔が空くんです。50日前にやった単語なんて普通は絶対に思い出せませんよ。たとえばボクが高校生だとして、ある日、20個の単語に取り組み、50日してからチェックしたら…。覚えているのは、たぶんゼロか1個です。2個あれば奇跡だと思います。

　人間の記憶力なんて、そんなもんなんです。みなさんがこの本を読んでいる今日は何月何日ですか? 今日から50日前の日をスマホのカレンダーでチェックしてみてください。その日に覚えた英単語を、今日までしっかり覚えている自信があるでしょうか? ボクならまったくありません。

◀ 時間を空けたらアウト

　暗記モノの最大のポイントは「ウロ覚えを繰り返す」ことです。暗記というのは気合を入れて「覚えるぞ！忘れないぞ！」と思っても忘れるものなのです（むしろリキみすぎるときほど頭に入りにくい気がします）。

　ですから「忘れてもいいから、短期間のうちに何度も繰り返す」方法のほうが効果があるはずです。つまり、**ウロ覚えでいいので、何度も繰り返す**のがいいのです。

　この「ウロ覚えの反復」が、1000単語習得法の最大のポイントになります。「とにかく短期間でたくさんの単語を繰り返し目に焼き付ける」のが大切です。

　先ほど、1日20個だと50日も間隔が空くのでNGだと話しましたね。

△）1日20個 × 50日 = 1000個

　これだとうまくいかないのであれば、ちょっと式を変えてしまいましょう。

$20 × 50 = 1000 → 20 × 10 × 5 = 1000 → 200 × 5 = 1000$

　これでいきましょう。つまり、以下のようになります。

◎）**1日200個 × 5日 = 1000個**

　これで暗記の間隔が空かなくなります。5日で1周するわけですから、6日目はまた最初の単語に戻れるわけです（これにより5日で1セット→1ヵ月で6周）。

◀ 「1カ月に6回」という黄金ルール

　もちろん、みなさんが心配になるところはわかります。

「1日で200個もできるわけない！」

　これですよね。これについては後ほど詳しく話します（007～008ページ）ので、まずは「1カ月で6セット繰り返す」ことの大切さを語らせてください。

　この「1カ月に6回繰り返す」というのがポイントです。単語は1、2度見ただけでは覚えられないのが普通です。ですから「短期間で何度も繰り返す」必要があるわけですが、ボクが英語を教えてきた経験から「ベストだ！」とわかったのが、「1カ月に6回繰り返せば覚える」というものです。これで大半（90%～100%）の英単語の意味がスラスラ出てくるようになります。

　「なんだよ、100%じゃないのかよ！」なんて言わないでください。人間のやることですから、そこまでうまくはいきません。でも90%だって、すごい数字ですよ。1カ月で900個の単語を覚えられるなんて、奇跡だと思われていることですよね。

◀ 具体的な方法

「１日 200 個 ×５日」で１セットです。５日で１セットですから、６日目から
は２セット目（つまり１日目にやった最初の 200 個に戻る）に入ります。これを
ひたすら６セット繰り返します。これが「1000 単語習得メソッド」です。

◉ 「1日200個 ×５日」を6セット繰り返す

1セット目	1日目 ZONE 1 (1〜200個)	2日目 ZONE 2 (201〜400個)
	3日目 ZONE 3 (401〜600個)	4日目 ZONE 4 (601〜800個)
	5日目 ZONE 5 (801〜1000個)	まずは1セット

2セット目	6日目 ZONE 1 (1〜200個)	7日目 ZONE 2 (201〜400個)
	8日目 ZONE 3 (401〜600個)	9日目 ZONE 4 (601〜800個)
	10日目 ZONE 5 (801〜1000個)	ここまでが、かなり大変

3セット目	11日目 ZONE 1 (1〜200個)	12日目 ZONE 2 (201〜400個)
	13日目 ZONE 3 (401〜600個)	14日目 ZONE 4 (601〜800個)
	15日目 ZONE 5 (801〜1000個)	まだまだ覚えられないのがふつう

4セット目	16日目 ZONE 1 (1〜200個)	17日目 ZONE 2 (201〜400個)
	18日目 ZONE 3 (401〜600個)	19日目 ZONE 4 (601〜800個)
	20日目 ZONE 5 (801〜1000個)	少し手ごたえがあるかも

5セット目	21日目 ZONE 1 (1〜200個)	22日目 ZONE 2 (201〜400個)
	23日目 ZONE 3 (401〜600個)	24日目 ZONE 4 (601〜800個)
	25日目 ZONE 5 (801〜1000個)	手ごたえが感じられるはず！

6セット目	26日目 ZONE 1 (1〜200個)	27日目 ZONE 2 (201〜400個)
	28日目 ZONE 3 (401〜600個)	29日目 ZONE 4 (601〜800個)
	30日目 ZONE 5 (801〜1000個)	これで完成！

この方法で、必ず５日に１回は同じ英単語に目を通すことになります。本書では、
この方法をベースに１カ月で 500 個の英語表現を覚えていきます（具体的な方法
は p.009 を参照してください）。

◀️「1時間100個ペース」

先ほど「1日に200個に取り組む」と言いましたが、何も1日に200個の単語を「覚える」必要はありません。そんなことは不可能です。あくまで完成は1カ月後です。

まずは「ウロ覚え」でOKなんです。1日のノルマ（200個）をウロ覚えで構わないので、どんどん進めていってください。

では、どの程度を「ウロ覚え」と判断すればいいのでしょうか？

ボクがこの方法で理想だと思うウロ覚えは、ズバリ「1時間100個ペース」です。1時間で100個というのは、やってみればわかりますが、けっこうテキパキと進めないとすぐに時間が足りなくなってしまいます。

ですが、それでいいんです。もちろん100個に対して、3時間も4時間も使えるなら理想ですが、現実的ではありませんよね。なので、以下の目安を参考にしながら進めてみてください。

◉ ウロ覚えの目安

① 今この瞬間「覚えた！」と思ったら、すぐに次へ進んでOK！
② 最初から知ってる単語は即ムシする。
③ 簡単な単語は数秒目を通す。
④ 難しい単語はじ～っくりと。
⑤ 「書く」「書かない」はみなさんの自由。書く場合、回数はどうでもいい。

1時間に100個ペースで進めるわけですが、1日のノルマは200個なので、1日に使う時間は「2時間」です。

以上が「1カ月1000単語習得メソッド」です。この本では、1カ月で500個の英語表現を覚えますが、方法はまったく同じです。数を半減させるので、この本では次ページの表の計画がモデルとなります。

◀ 1カ月で500個の英語表現を覚えるためのスケジュール

本書で500個の表現を1カ月で覚えるために、下の表のスケジュールで「1日100個×5日」を6セット繰り返します。

1セット目	1日目	ZONE 1 (1~100個)	2日目	ZONE 2 (101~200個)
	3日目	ZONE 3 (201~300個)	4日目	ZONE 4 (301~400個)
	5日目	ZONE 5 (401~500個)	まずは1セット	

2セット目	6日目	ZONE 1 (1~100個)	7日目	ZONE 2 (101~200個)
	8日目	ZONE 3 (201~300個)	9日目	ZONE 4 (301~400個)
	10日目	ZONE 5 (401~500個)	ここまでが、かなり大変	

3セット目	11日目	ZONE 1 (1~100個)	12日目	ZONE 2 (101~200個)
	13日目	ZONE 3 (201~300個)	14日目	ZONE 4 (301~400個)
	15日目	ZONE 5 (401~500個)	まだまだ覚えられないのがふつう	

4セット目	16日目	ZONE 1 (1~100個)	17日目	ZONE 2 (101~200個)
	18日目	ZONE 3 (201~300個)	19日目	ZONE 4 (301~400個)
	20日目	ZONE 5 (401~500個)	少し手ごたえがあるかも	

5セット目	21日目	ZONE 1 (1~100個)	22日目	ZONE 2 (101~200個)
	23日目	ZONE 3 (201~300個)	24日目	ZONE 4 (301~400個)
	25日目	ZONE 5 (401~500個)	手ごたえが感じられるはず！	

6セット目	26日目	ZONE 1 (1~100個)	27日目	ZONE 2 (101~200個)
	28日目	ZONE 3 (201~300個)	29日目	ZONE 4 (301~400個)
	30日目	ZONE 5 (401~500個)	これで完成！	

1日のノルマは100個です。1日に使う時間を「2時間」とすると、1時間に50個のペースで進めていくことになります。

◢◤ 「1時間後にテストが待ってる」 つもりで

「1時間50個ペース」として、わかりやすいイメージが「1時間後にチェックテストがある」と想像することです。

◉ イメージ

> 今、熟語50個のリストを渡されました。今は何時ですか？ 時計を見て、今からジャスト1時間の自習タイム、スタートです！

これでどうやればいいのか、想像がつくと思います。

1時間後にテストが待っているわけですから、知っているものなんてどうでもいいですよね。知らないものには時間をかけますよね。そんなときに「何回書いたらいいんですか？」なんて質問はしませんよね。その時間だって惜しいはずです。

で、一生懸命やって50個目までいって、時計を見たら35分たっていた。その場合、まだ25分残っているわけですから、最初に戻って、忘れていそうなものをまた確認するはずです。

こんなイメージで進めれば、余計な雑念・疑問も出てきません。とにかくやるだけです。

先ほども言いましたが、50個の熟語に1時間ではなく、2時間でも3時間でもかけたほうが効果はあります。でも、さすがにそこまで熟語に時間を割くことは現実的には難しいと思います。

かといって、20分しかかけないようでは、ウロ覚えすぎて、効果が出ません。やはり、熟語50個に対して、45分～1時間はかけてほしいところです。

📣 絶対に気をつけるべきこと

Q　「look for → 探す」　それとも　「探す→ look for」、どっちの順？

A　「look for →探す」の順番で覚えます。英語を見て日本語が出れば OK ということです。

経験的にわかるでしょうが、「英語→日本語」のほうが**断然ラク**に覚えられます。

とある有名な言語学者によると、「英語→日本語」を覚える労力に対して、その逆「日本語→英語」は4倍の労力がかかるそうです。その言語学者の理論を利用して考えると、みなさんは、次のどっちを手に入れたいですか？

① 英語を見た瞬間に意味がわかる表現 500 個
② 日本語を見て英語まで言える表現 125 個

これが同じ労力なら、ボクは①です。まずは、英語を見て意味が浮かぶ表現の数を増やしていくほうが、英語の勉強は順調に進みます。

「日本語を見ても英語が出るようにしたほうがいい」
「つづりもちゃんと書けたほうがいい」

世間ではいろいろな方法が言われていますが、まだ意味も言えない段階で、「英作文のときに困るから、日本語を見て英語を言えたほうがいい」とか「つづりもきちんと書けたほうがいい」など、考えないほうがいいですよ。覚えるときに「〜したほうがいい」ということを考え出したらキリがありません。「〜したほうがいい」ではなく、「〜しなきゃいけない」ことだけに集中してください。「〜したほうがいい」ことまでをやりながらマスターできるほど、単語・熟語はラクに覚えられるものではないことは、もうみなさんが知っていることだと思います。

Q この本って、訳語が1つだけのものが多いけど、それでいいの？

A それでいいんです。

1つの表現につき、1つの訳語だけを覚えていくのが理想です。

辞書はもちろん、単語・熟語帳も情報量を競うようになってしまい、いくつもの日本語訳を載せるのが当たり前と思われています。しかしよく見てみると、同じ意味の訳語が羅列されていることが非常に多いのです。**まずは1つの意味を覚えることにパワーを使うべき**だと思います。

また、異なる意味があっても、やはりまずは1つに絞るべきです。

というのも、欲張ってたくさん覚えようとすると、結局どれも覚えられないからです。まず1つの意味をしっかり覚えることで、その表現に対する「記憶の土台」ができあがります。その土台がしっかりしていないと、時間がたてば意味をすぐに忘れてしまう、ということになるわけです。

まずは土台をしっかり作り、その後、別の意味で出てきたときに、その新たな意味を覚えればいいのです。しかもそういうときは「今までと違う！」というショックや、「あ、こんな意味もあるんだ♪」という感動で、記憶に残りやすくなるのです。

Q 覚えるときは「書きながら」がいいの？

A 書いても書かなくても、どっちでもOKです。

書いて覚えるか、見るだけで覚えるかは好みの問題です。

簡単な表現は見るだけで十分でしょう。逆に、難しいものや何回見ても覚えられない表現ってありますよね。そういうときは何回でも書きましょう。

書く場合は「何回書くか」を絶対に決めないでください。

回数を決めるとノルマのようになってしまい、「今、何回書いたか」に意識がいってしまいます。すべての集中力は「覚えること」に向けるべきです。

1回書いて覚えられるなら、それでOKですし、10回書いても覚えられなければ、もっと書けばいいだけ、と気楽に考えてください。

Q 「つづり」も正しく書けないといけないよね？

A つづりもきちんと書けるのが理想ではありますが、**一番大事なのは「意味がわかること」**ですから、本書ではつづりを重視しません。

つづりを捨てることで、「意味がわかる」という理想の状態に少しでも早く・確実に到達できることを目指します。

Q （1日100個の表現に取り組むとき）知らない表現だけで100個、それとも知っている表現も含めて100個？

A 「知っている表現も"含めて"100個」です。知らない表現だけ100個をピックアップするのは時間がかかります。その時間を覚えることにまわしたほうがいいでしょう。

よって、その日に取り組む表現の中に知っているものがあれば、「今日はラッキーだな」くらいに考えればOKです。

その他にも疑問が出てくるかもしれませんが、そのときは「1時間後にテストがある」つもりで考えてみてください。そうすれば、「あ、こんなことしてる場合じゃないや」と冷静になれますので。とにかく目の前の表現を覚えることに集中することが一番大事です。

◀ どう時間を作るか？

「1日100個」「1時間50個ペース」ということは、「1日に2時間」も費やすことになるのでしたね。これは大変なことです。ですから、ボクは予備校でこの話を夏休みの最初にすることが多いんです。学校があるときに、そんなに時間を使うことはかなり難しいからです。

では社会人はどうするか？

長期休暇を利用できればベストですね。年末年始、ゴールデンウィーク、お盆休みを利用するのがいいでしょう。

とにかく「最初の1セット」をやるんです。

というのも、最初の1セットをやれば、続けないともったいないので、いやでもヤル気になると思います。「あんなにやったのが無になるのか…」と思うと、意外と続きますよ（ボクはいつもそうでした）。

◀ 「一気に2時間」やる必要はない！

1日に2時間といっても、一気に120分ノンストップでやる必要はありません。むしろ集中力を欠いて効率が悪くなります。

1時間×2回、30分×4回、20分×6回に分けてもOKです。仕事があっても、30分×4回に分割すれば、「朝30分、昼休みに30分、帰りのカフェで30分、寝る前に30分」などと工夫できるのではないでしょうか。

さすがに、10分×12回などは細かく分けすぎで、頭が「暗記モード」になりきれないうちに10分たってしまう気がしますので、あまり勧めません。

いずれにせよ、「やること」が一番大事なので、「続けやすい」やり方でOKです。ちなみにボクが高校生のときは、調子がよければ「1時間×2回」で、ヤル気がないときは「30分×4回」でやっていました。

◀ 手ごたえは「5セット目」から

　この方法でツラい期間は「1セット目～4セット目まで」です。ここまでは1日2時間も使うのに、まったく効果が出ないんです。たとえば3セット目あたりでも、「もう結構覚えているんじゃないかな」なんて期待しますが、全然覚えてなくて愕然（がくぜん）とします。

　早い人で、4セット目から微妙に手ごたえを感じますが、基本4セット目でもほとんど覚えてないと思ってください。

　そして、**5セット目からかなりの効果を感じるはずです。6セット目でブレイク**します。

　実はこれ、ボクが高校生のときの経験なんです。4セット目までは覚えていなくても、5～6セット目からブレイクしたという経験です。

　大学に入ってフランス語でも同じやり方をして、同じ効果が出ています。

　さらにその後、予備校で教えるようになって、すべての生徒に教えてきましたが、みんな同じようなブレイクのしかたでした。英語が大キライで赤点の高校生だって、ハイパー進学校で最後は東大医学部に進学した生徒だって、みんな5～6セット目にブレイクしました。

　たまに「あまりにも英語が嫌い」という生徒もいて、効果が出るのが少し遅れた生徒もいましたが、それでも7～8セット目でブレイクしています（そこまでいけば、1、2セットの追加はさほど時間を要しませんのでご安心を）。

　そして、中学生にも、50代の社会人にも教え続けていますが、結果はまったく同じです。

　こういった経験から、自信を持ってこのメソッドをお勧めします。

　ただし、4セット目が終わるまでは「我慢」です。耐えてください。4セット目までにボクに対するみなさんの不信感はマックスに達しますが、それでも続けてください！

　そして4セット目まで続ければ、勝負アリです。5セット目からは2時間もかかりませんし、何より効果が出始めるので、楽しくて続けられるものです。

じっくり取り組むのに適切な「ノートサイズ」

　単語・熟語帳といえば、小さいものが定番です。電車の中でも使えるようにということでしょう。しかしこの本は、腰を据えてじっくり取り組んでほしいので、使いやすさ・見やすさを考えてのノートサイズです。

　ぜひお気に入りのカフェや家族が寝静まったダイニングで、好きなものを飲みながら本書を開いてみてください。小さいものよりノートタイプのほうが「よしっ！」と気持ちが引き締まる気がします。

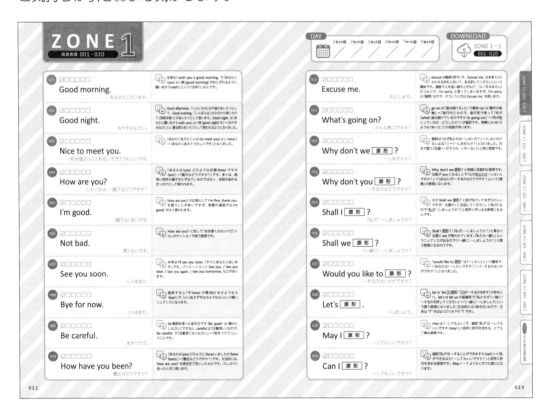

「1カ月500表現習得」に最適な「スッキリしたレイアウト」

　この本では、派生語などの情報はもちろん、例文もカットしました。

　いつからか単語・熟語帳は情報量を競うようになってしまいましたが、余分な情報が視界に入った瞬間にノイズになります。意味を覚えるという行為をジャマする可能性があるのです。この本では徹底的に情報を絞りました。

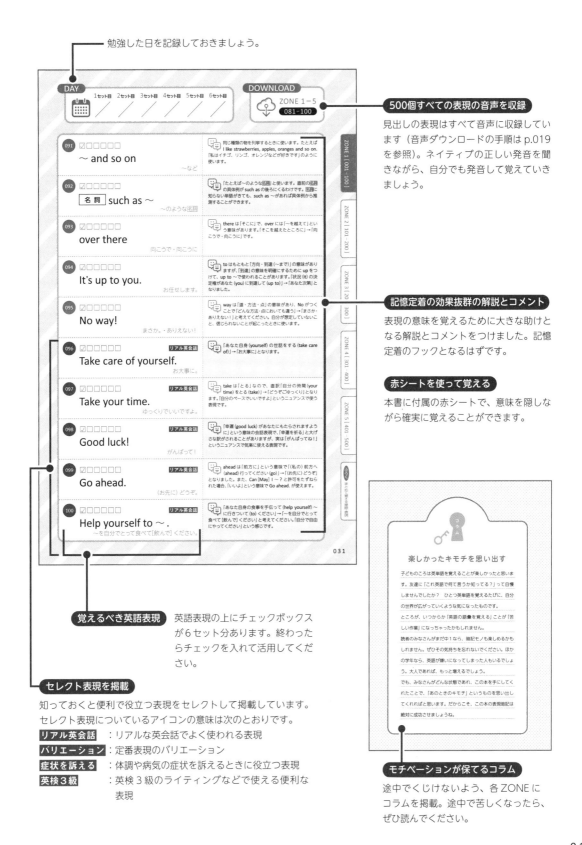

勉強した日を記録しておきましょう。

DAY　1セット目 2セット目 3セット目 4セット目 5セット目 6セット目

DOWNLOAD　ZONE 1–5　081–100

500個すべての表現の音声を収録

見出しの表現はすべて音声に収録しています（音声ダウンロードの手順は p.019 を参照）。ネイティブの正しい発音を聞きながら、自分でも発音して覚えていきましょう。

091　~ and so on
～など

同じ種類の物を列挙するときに使います。たとえば I like strawberries, apples, oranges and so on.「私はイチゴ、リンゴ、オレンジなどが好きです」のように使います。

092　名詞 such as ~
～のような名詞

「たとえば～のような名詞」と使います。直前の名詞の具体例が such as の後ろにくるわけです。区別に知らない単語がきても、such as があれば具体例から推測することができます。

093　over there
向こうで・向こうに

there は「そこに」で、over には「～を越えて」という意味があります。「そこを越えたところに」→「向こうで・向こうに」です。

094　It's up to you.
お任せします。

to はもともと「方向・到達（～まで）」の意味がありますが、「到達」の意味を明確にするために up をつけて、up to ～で使われることがあります。「状況 (it) の決定権があなた (you) に到達して (up to)」→「あなた次第」となりました。

095　No way!
まさか。・ありえない！

way は「道・方法・点」の意味があり、No がつくことで「どんな方法・点においても違う」→「まさか・ありえない！」と考えてください。自分が想定していないとか、信じられないことが起こったときに使います。

096　リアル英会話　Take care of yourself.
お大事に。

「あなた自身 (yourself) の世話をする (take care of)」→「お大事に」となります。

097　リアル英会話　Take your time.
ゆっくりでいいですよ。

take は「とる」なので、直訳「自分の時間 (your time) をとる (take)」→「どうぞごゆっくり」となります。「自分のペースでいいですよ」というニュアンスで使う表現です。

098　リアル英会話　Good luck!
がんばって！

「幸運 (good luck) があなたにもたらされますように」という意味の会話表現で、「幸運を祈る」と大げさな訳がされていますが、実は「がんばってね！」というニュアンスで気軽に使える表現です。

099　リアル英会話　Go ahead.
（お先に）どうぞ。

ahead は「前方に」という意味で「（私の）前方へ (ahead) 行ってください (go)」→「（お先に）どうぞ」となりました。また、Can [May] I ～? と許可をたずねられた場合、「いいよ」という意味で Go ahead. が使えます。

100　リアル英会話　Help yourself to ~ .
～を自分でとって食べて [飲んで] ください。

「あなた自身の食事を手伝って (help yourself) ～に行きついて (to) ください」→「～を自分でとって食べて [飲んで] ください」と考えてください。「自分で自由にやってください」という感じです。

ZONE 1 [001 - 100]
ZONE 2 [101 - 201]
ZONE 3 [20 300]
ZONE 4 [301 - 400]
ZONE 5 [401 - 500]

031

記憶定着の効果抜群の解説とコメント

表現の意味を覚えるために大きな助けとなる解説とコメントをつけました。記憶定着のフックとなるはずです。

赤シートを使って覚える

本書に付属の赤シートで、意味を隠しながら確実に覚えることができます。

楽しかったキモチを思い出す

子どものころは英単語を覚えることが楽しかったと思います。友達に「これ英語で何て言うか知ってる？」って自慢しませんでしたか？ ひとつ英単語を覚えるたびに、自分の世界が広がっていくような気になったものです。

ところが、いつからか「英語の語彙を覚える」ことが「苦しい作業」になっちゃったかもしれません。

読者のみなさんがまだ小 1 なら、暗記モノも楽しめるかもしれません。ぜひその気持ちを忘れないでください。ほかの学生なら、英語が嫌いになってしまった人もいるでしょう。大人であれば、もっと増えるでしょう。

でも、みなさんがどんな状態であれ、この本を手にしてくれたことで、「あのときのキモチ」というものを思い出してくれればと思います。だからこそ、この本の表現暗記は絶対に成功させましょうね。

覚えるべき英語表現　英語表現の上にチェックボックスが 6 セット分あります。終わったらチェックを入れて活用してください。

セレクト表現を掲載

知っておくと便利で役立つ表現をセレクトして掲載しています。セレクト表現についているアイコンの意味は次のとおりです。

リアル英会話	：リアルな英会話でよく使われる表現
バリエーション	：定番表現のバリエーション
症状を訴える	：体調や病気の症状を訴えるときに役立つ表現
英検3級	：英検 3 級のライティングなどで使える便利な表現

モチベーションが保てるコラム

途中でくじけないよう、各 ZONE にコラムを掲載。途中で苦しくなったら、ぜひ読んでください。

▼確認テストは2種類。選択問題と意味を記入する問題の2種類があります。

各ZONEの最後は定着のための確認テスト

100個の表現の勉強を終えたら、覚えているかどうかを、2種類の確認テストでチェックすることができます。余裕がある人はぜひやってみてください。表現の意味を選ぶ問題では、問題に 人 や 場所 などの表示があることで答えがわかってしまうかもしれませんが、確認のためのチェックとして利用してください。どうしてもそれが気になる人や、本気でテストしたい人は、答えの選択肢を赤シートで隠して、問題の日本語訳が言えるかトライしてみてください。いろいろな方法で確認することで、記憶はどんどん定着していきます。ぜひ確認テストを上手に活用してください。

意味を記入する問題では、解答は"解答例"と考えてください。たとえば、解答が「またね」の場合、もちろん「また」でも正解です。

巻末には基本動詞や基本文法事項などを掲載

基本動詞や基本前置詞、不定詞と動名詞を目的語にとる動詞の区別などを掲載しています。基本であり、大切な内容ですから、ぜひ復習に役立ててください。

▶ 音声ダウンロードの手順

本書の ☁ マークの右にある数字が音声ファイル内のトラック番号です。

❶ パソコンかスマートフォンで音声ダウンロード用のサイトに（下記A、
Bいずれかの方法で）アクセスします。

A　QRコード読み取りアプリを起動し、
　　QRコードを読み取ってください。

B　QRコードが読み取れない方はブラウザ（https://audiobook.jp/
　　exchange/kanki）にアクセスしてください。

※上記以外からアクセスされますと、無料のダウンロードサービスをご利用いただくことが
　できませんのでご注意ください。

※URLは「www」などの文字を含めず、正確にご入力ください。

❷ 表示されたページから、audiobook.jpへの会員登録ページに進みます。

※音声ダウンロードには、audiobook.jpへの会員登録（無料）が必要です。

※既にアカウントをお持ちの方はログインしてください。

❸ 会員登録後、❶ のページに再度アクセスし、シリアルコードの入力欄
に「30302」を入力して「送信」をクリックします。

❹ 「ライブラリに追加」のボタンをクリックします。

❺ スマートフォンの場合はアプリ「audiobook」をインストールして
ご利用ください。パソコンの場合は「ライブラリ」から音声ファイル
をダウンロードしてご利用ください。

※ファイル名の次の「E」は英語のみ、「EJ」は英語＋日本語であることを示しています。

ご注意

● ダウンロードにはaudiobook.jpへの会員登録（無料）が必要です。

● パソコンからでもiPhoneやAndroidのスマートフォンからでも音声を再生いただけます。

● 音声は何度でもダウンロード・再生いただくことができます。

● 書籍に表示されているURL以外からアクセスされますと、音声をご利用いただけません。URLの入力
間違いにご注意ください。

● ダウンロードについてのお問合せ先：info@febe.jp（受付時間：平日の10時〜20時）

もくじ

● はじめに …………………………………………………………… 002
● 500 個の表現の選定方針 ………………………………………… 004
● 単語を覚えるメカニズム ………………………………………… 005
● 1000 単語習得メソッドとは？ ………………………………… 007
● よくある質問 ……………………………………………………… 011
● 500 個の表現を覚えるために工夫できること ………………… 014
● 本書の特長 ………………………………………………………… 016
● 音声ダウンロードの手順 ………………………………………… 019

ZONE 1 英語表現 001-100
Good morning. などの会話表現 ……………………………… 022
確認テスト ………………………………………………………… 032
🔑 コラム 楽しかったキモチを思い出す ………………… 040

ZONE 2 英語表現 101-200
take a seat などの基本動詞中心の熟語 ……………………… 042
確認テスト ………………………………………………………… 052
🔑 コラム 予備校での、ある感想 ……………………… 060

ZONE 3 英語表現 201-300
arrive at などの前置詞中心の熟語① ………………………… 062
確認テスト ………………………………………………………… 072
🔑 コラム 起爆剤になりうる ……………………………… 080

ZONE 4 英語表現 301-400
from A to B などの前置詞中心の熟語② ……………………… 082
確認テスト ………………………………………………………… 092
🔑 コラム イタリア語・スペイン語でも！ ……………… 100

ZONE 5 英語表現 401-500
want to 原形　などの文法中心の熟語 ……………………… 102
確認テスト ………………………………………………………… 112
🔑 コラム メンテナンスも忘れずに ……………………… 120

● ふろく　まとめて覚える単語・表現 ………………………… 122
● おわりに ………………………………………………………… 131

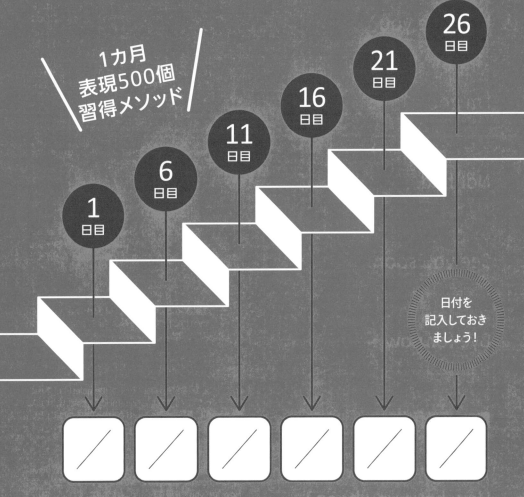

ZONE 1

英語表現 001 - 100

[会話表現]

1カ月
表現500個
習得メソッド

26
日目

21
日目

16
日目

11
日目

6
日目

1
日目

日付を
記入しておき
ましょう!

にやるべき ZONE のはじまりです

001 ☑☐☐☐☐☐

Good morning.
おはようございます。

本来は I wish you a good morning. で「あなたに (you) よい朝 (good morning) がおとずれるように願います (I wish)」という「お祈り」なんです。

---

002 ☑☐☐☐☐☐

Good night.
おやすみなさい。

Good afternoon.「こんにちは」は午後のあいさつとして、Good evening.「こんばんは」は夕方から夜にかけて（深夜を除く）のあいさつとして使います。Good night. は「あなたに願います (I wish you) よい夜 (good night) を」→「おやすみなさい」と、寝る前のあいさつとして使われるようになりました。

---

003 ☑☐☐☐☐☐

Nice to meet you.
（初対面の人に）お会いできてうれしいです。

「あなたに会えたことは (to meet you) よい (nice)」→「あなたに会えてうれしいです」となりました。

---

004 ☑☐☐☐☐☐

How are you?
こんにちは。・調子はどうですか?

「あなたは (you) どのような状態 (how) ですか (are)」→「調子はどうですか?」です。多くは、純粋に相手の調子をたずねているのではなく、会話を始めるきっかけとして使われます。

---

005 ☑☐☐☐☐☐

I'm good.
（調子は）良いです。

How are you? の応答として I'm fine, thank you. を習うことが多いですが、実際の場面では I'm good. がよく使われます。

---

006 ☑☐☐☐☐☐

Not bad.
悪くないです。

How are you? に対して「まあ悪くはないけど」くらいのテンションで使う表現です。

---

007 ☑☐☐☐☐☐

See you soon.
じゃあまた。

本来は I'll see you soon.「すぐにあなたに会います」です。バリエーションに See you. / See you later. / See you again. / See you tomorrow. などがあります。

---

008 ☑☐☐☐☐☐

Bye for now.
じゃあまた。

直訳すると「今 (now) の間 (for) はさようなら (bye)」で、「とりあえず今はさようなら」という軽いニュアンスになります。

---

009 ☑☐☐☐☐☐

Be careful.
気をつけて。

be 動詞を使った命令文です (Be quiet! は「静かにしなさい」ですね)。careful は「注意深い」なので、Be careful. で「注意深くなりなさい」→「気をつけて」ということです。

---

010 ☑☐☐☐☐☐

How have you been?
最近はどうですか?

「あなたは (you) どのように (how) いましたか (have been)」→「最近はどうですか?」です。文法的には、How are you? を現在完了形にしたものです。久しぶりに会ったときに使います。

011 ☑☐☐☐☐☐

Excuse me.
失礼します。

> excuse は動詞「許す」で、Excuse me. は本来「これからする失礼に対して、私を許してください」という意味です。通路で人を追い越すときなど、つい「すみません」のつもりで、I'm sorry. と言ってしまいますが、I'm sorry. は「謝罪」なので、そういうときは Excuse me. を使います。

012 ☑☐☐☐☐☐

What's going on?
どんな感じですか？

> go on は「進み続ける」という意味 (on は「動作の接触」→「進行中」) なので、進行形で使って「何が (what) 進み続けているのですか (is going on)」→「何が起こっているの・どうしたの？」が直訳です。実際には Hi! のような「あいさつ」の役割があります。

013 ☑☐☐☐☐☐

Why don't we 原形 ?
〜しませんか？

> 直訳は「なぜ私たちは〜しないの？」→「しないわけないよね？」→「〜しませんか？」となりました。古文で習う「反語 (〜だろうか、いや〜ない)」と同じ発想です。

014 ☑☐☐☐☐☐

Why don't you 原形 ?
〜するのはどうですか？

> Why don't we 原形 ? と同様に反語的な表現です。主語が you になることで「なぜあなたは〜しないんですか？」→「(あなたが)〜するのはどうですか？」という「提案」の表現になります。

015 ☑☐☐☐☐☐

Shall I 原形 ?
(私が) 〜しましょうか？

> 次の Shall we 原形 ? と訳が似ていてまぎらわしいですが、主語の I に注目してください。I「私が」なので「私が〜しましょうか？」と相手に申し出る表現になるんです。

016 ☑☐☐☐☐☐

Shall we 原形 ?
(一緒に) 〜しましょうか？

> Shall I 原形 ?「(私が)〜しましょうか？」と異なり主語に we が使われています。「私たち一緒に」というニュアンスが出るので「(一緒に)〜しましょうか？」と誘う表現になるわけです。

017 ☑☐☐☐☐☐

Would you like to 原形 ?
〜するのはいかがですか？

> "would like to 原形" は「〜したい」という意味で、「(あなたは)〜したいですか？」→「〜するのはいかがですか？」となりました。

018 ☑☐☐☐☐☐

Let's 原形 .
〜しましょう。

> let は "let 人 原形"「人が〜するのを許す」の形をとり、let's は let us の短縮形で「私たちが (一緒に)〜するのを許してください」→「(一緒に)〜しましょう」という誘う表現になりました (文法的には「命令文」なので、文末は "?" ではなくピリオドや "!" です)。

019 ☑☐☐☐☐☐

May I 原形 ?
〜してもいいですか？

> may は「〜してもよい」で、直訳「私が (I)〜してもいいですか (may)」と相手に許可を求める、とても丁寧な表現です。

020 ☑☐☐☐☐☐

Can I 原形 ?
〜してもいいですか？

> 直訳「私が (I)〜することができますか (can)」→「(私ができるなら)〜してもいいですか？」と相手に許可を求める表現です。May I 〜? よりもくだけた感じになります。

---

021 ☑□□□□□

No problem.

問題ないです。

何かお願いされたときや、お礼を言われたときなど、様々な場面で重宝する会話表現です。

---

022 ☑□□□□□

Yes, please.

はい、お願いします。

Shall I 原形? 「(私が)〜しましょうか?」の応答として Yes, please. や Thank you. を使います。逆に「いいえ、結構です」と言うときは次の No, thank you. を使います。

---

023 ☑□□□□□

No, thank you.

いいえ、結構です。

何かを断るときに No とだけ言うのではなく、thank you をつけて少しやわらかく断ります (この thank you は「ご提案ありがとう」という感じです)。

---

024 ☑□□□□□

Not really.

(実は) そうでもないです。

"No." のようにキッパリと否定するわけではなく、really をつけることで「そうでもないよ」とやわらかいニュアンスになります。

---

025 ☑□□□□□

Of course.

もちろんです。

May I 〜? 「〜してもいいですか?」や Could you 〜? 「〜していただけますか?」などに対して「いいですよ」と答えるときなど、幅広く使える便利な表現です。

---

026 ☑□□□□□

Oh, no!

なんてことでしょう!・しまった!・ええっ!

何か嫌なことが起こったとき、たとえば Oh, no! I forgot my textbook. 「なんてことだ! 教科書を忘れてしまった」のように使います。また I broke my arm. 「腕を骨折したんだ」―Oh, no! That's too bad. 「ええっ! お気の毒に」のように使うこともできます。

---

027 ☑□□□□□

I see.

わかりました。・なるほど。

see には「見る」→「(見て) わかる・理解する」という意味があり、そこから I see. で「わかりました」となります。

---

028 ☑□□□□□

I'd love to.

ええ、ぜひとも。

提案や勧誘の応答として使います。to の後ろは相手の発言内容が省略されています。Why don't we play tennis? 「テニスしない?」に対して I'd love to {play tennis}. 「ぜひしたいです」のように使います。ちなみに I'd は I would の短縮形です。

---

029 ☑□□□□□

That's OK.

いいんですよ。

たとえば I'm sorry. と言われて「大丈夫ですよ」と言うときに That's OK. を使います。相手の発言や相手の行動などに対して、「それは大丈夫だよ・いいんだよ」と言うときに使います。

---

030 ☑□□□□□

That's all right.

大丈夫です。

相手からの申し出に対して That's all right. 「大丈夫です」のように使います (昔はよく「オーライ」と日本語でも使っていましたが)。

031
That's right.
そのとおりです。

right には「正しい」という意味があり、直訳「それは正しいです」→「そのとおり」となります。That's all right.「大丈夫です」としっかり区別してください。

032
Why not?
ええ、もちろん。

「なぜそうしないのだろうか？」→「もちろん (する)」という反語的な表現です。

033
Sure.
もちろんです。

sure は「確信している」という意味の形容詞で、be sure of ～「～を確信している」のように使いますが、会話では依頼などに対して「もちろん (いいよ)」の意味で Sure. と使われます。普段の会話では「シュア」ではなく軽く「シャ」のように聞こえます。

034
Certainly.
もちろんです。・かしこまりました。

May I ～？「～してもいいですか？」などに対して、Certainly.「もちろんです・かしこまりました」と使われたりします。

035
Can you 原形 ？
～してもらえませんか？

直訳「あなたは (you) ～することができますか (can)」→「(できるなら) ～してくれませんか？」という依頼の意味になりました。

036
Will you 原形 ？
～してくれませんか？

直訳「あなたは (you) ～する意志がありますか (will)」から、「～してくれませんか？」という依頼の意味になりました。

037
Could you 原形 ？
～してくださいませんか？

could は can の過去形です。助動詞の過去形は「～ならば」という仮定のニュアンスを持ち、「もしできることならお願いしたいのですが」となるので、Can you ～？よりも丁寧な依頼表現となるわけです。

038
Would you 原形 ？
～してくださいませんか？

would は will の過去形で、could と同様に仮定のニュアンスで用いられます。「もしあなたにその気持ちがあるのならお願いしたいのですが」となるため、Will you ～？よりも丁寧な依頼表現になります。

039
Here it is.
はい、どうぞ。

相手に物を渡すときに使います。「ここに (Here) それが (it) ありますよ (is)」という感じです。

040
Here you are.
はい、どうぞ。

Here it is. と同様に相手に物を渡すときに使う表現で、相手を強調した感じです。Here it is. や Here you are. 以外に Here you go. (396 091 ページ) という表現もあります。

---

041 ☑□□□□□

I'm sorry, but 〜 .

すみませんが〜。

相手の依頼を断るときなどに、いきなり I can't 〜. や No. と答えるのではなく、I'm sorry, but をつけて I'm sorry, but I can't. 「すみませんができません」のように使います。

---

042 ☑□□□□□

Wait a minute.

ちょっと待ってください。

minute は「分」という意味のほかに「瞬間・ちょっとの間」という意味があります。Wait a minute. で「ちょっとの間 (a minute) 待ってください (wait)」となります。実際に「1分」である必要はありません。

---

043 ☑□□□□□

Ladies and gentlemen.

みなさん。

パーティーなど大勢の人の前で話すときや、列車などのアナウンスなどで人々の注意を引くために使われます。少し形式ばった表現なので boys and girls という子どもに使える表現もあります。

---

044 ☑□□□□□

Welcome to 〜 .

〜へようこそ。

「〜へ到達してくれて (to) 歓迎します (welcome)」です。英検のリスニング問題では、お店のアナウンス問題で耳にする表現です。これが聞こえたら「店内アナウンスかも！」と反応できるようにしましょう。

---

045 ☑□□□□□

Watch your step.

足元に注意してください。

watch は「(じ〜っと) よく見る」という意味です。「あなたの (your) 足元を (step) よく見て (watch)」→「足元に注意！」ということです。標識でよく見かける表現です。

---

046 ☑□□□□□　　　リアル英会話

What's up?

やあ。・どうしたのですか？

What's up? は「何か新しいことは (what) 出現 (up) した？」→「どうしたの？」という意味のほかに、仲間うちで「やあ」のような簡単なあいさつとして使える便利な表現です。What's new? も同じイメージです。

---

047 ☑□□□□□　　　リアル英会話

Not much.

まあまあだよ。

What's up? の応答として使える表現です。much は「たいしたもの・たいしたこと」という意味があり、それを否定して「たいしたことないよ」→「まあまあだよ」となりました。not ではなく nothing を使った Nothing much. も同じ意味です。

---

048 ☑□□□□□　　　リアル英会話

Come on!

おいおい！

「ボケ」に対する「ツッコミ」の表現として使えます。会話をしていて相手が「ボケ」たということは話の本線から「それる・脱線する」ということですよね。そういうときに「おいおい、マジメに話しているこっちに戻ってこいよ (Come on!)」と言うわけです。

---

049 ☑□□□□□　　　リアル英会話

Get it?

わかった？

get は「手に入れる」ですね。「(答えなど) を手に入れる」→「わかる」という意味で使われるようになりました。生徒同士の会話でも使えますし、学校の先生が生徒に向かって「(今教えたことは) わかった？」と言うときにも使われます。発音は「ゲディッ」という感じです。

---

050 ☑□□□□□　　　リアル英会話

Do you have a Facebook[Twitter] account?

フェイスブック[ツイッター] やってる？

直訳は「フェイスブック[ツイッター]のアカウントを持っていますか？」です。そこから「フェイスブック[ツイッター] やってる？」となりました。海外旅行で話が弾んだときによく聞かれる表現です。

DAY

1セット目 2セット目 3セット目 4セット目 5セット目 6セット目

/ / / / / /

DOWNLOAD

ZONE 1−3

041−060

051 ☑□□□□□

Can I help you?

いらっしゃいませ。・何かご用はありますか？

店員がお客に声をかけるときに使う表現です。直訳は「(あなたの買い物を)お手伝いしてもよろしいでしょうか？」です。can ではなく may を使った May I help you? も OK です。文頭に How をつけて、How can [may] I help you? と言うこともあります。

---

052 ☑□□□□□

Are you ready to order?

ご注文はお決まりですか？

レストランで店員が注文をとるときの言葉です。"be ready to 原形" は「〜する準備ができている」という意味です。「まだ」と言いたいときは We're still deciding. 「まだ決めている途中です」などと言います。

---

053 ☑□□□□□

For here or to go?

こちらで召しあがりますか、お持ち帰りになりますか？

ファストフード店でよく使われます。そこで食べるときは For here. と答え、持ち帰るときは To go. と答えれば OK です。

---

054 ☑□□□□□

What size would you like?

サイズはどういたしますか？

飲み物のサイズ、服のサイズなど様々な場面で使われる、買い物で重要な表現です。

---

055 ☑□□□□□

Would you like 〜 ?

〜はいかがですか？

直訳は「あなたは〜がほしいですか？」で、そこから「〜はいかがですか？」となりました。like の後ろには名詞がきます (Would you like some orange juice?「オレンジジュースはいかがですか？」)。

---

056 ☑□□□□□

Anything else?

ほかに何か(いかがですか)？

else は単語の後ろにくっついて「〜のほかに」です。anything else「ほかに何か」、someone else「ほかのだれか」のように使います。注文を終えた後に不意に店員が聞いてくることがよくあります。

---

057 ☑□□□□□

That's all.

それで全部です。

直訳「それが (that) すべて (all) です (is)」→「(注文は) それで全部です」となります。レストランなどで注文し終えたときや、Anything else?「ほかに何かいかがですか？」に対して使えます。

---

058 ☑□□□□□

Let me check.

ちょっと確認させて。

let 囚 原形で「囚が〜するのを許す」です。「私が (me) チェックするのを (check) 許して (let)」→「確認させてください」ということです。お店で店員が客に向かって言うほか (在庫を確認するときなど)、友人同士でも使う表現です。

---

059 ☑□□□□□

Here's your change.

おつりはこちらです。

Here is 〜. は「ここに〜があります」という意味です。change は「払ったお金が小銭に変わって返ってくるもの」→「おつり」となりました。

---

060 ☑□□□□□

I'm just looking.

〈店で〉見ているだけです。

お店に入ると店員に May I help you? と声をかけられます。特に買うものが決まっていなければ、この表現を使います。日本のお店では言いにくいことも (ボクの思い込み？)、海外のお店ではこの表現をハッキリ言っても嫌な顔はされませんよ。

ZONE 1 [001 − 100]

ZONE 2 [101 − 200]

ZONE 3 [201 − 300]

ZONE 4 [301 − 400]

ZONE 5 [401 − 500]

ふろく まとめて覚える単語・表現

ZONE 1

英語表現 061-080

---

061 ☑□□□□□

May I speak to 〔 人 〕?

〈電話で〉～さんお願いします。

> ビジネスで取引先に電話をかけ、用事のある相手を呼び出す場面で使う表現です。"speak to 人"は「人に話しかける」です。「～さんに話しかけても (speak to ～) よろしいですか (May I)」が直訳です。

---

062 ☑□□□□□

〔自分の名前〕 speaking.

私です。

> 電話□で May I speak to 人?「～さんいますか?」に対して、「私 (本人) です」と伝えるときに使います。または This is 〔自分の名前〕. 「～です」と言うこともできます。

---

063 ☑□□□□□

call 〔 人 〕 back

人に後で電話する・人に折り返し電話する

> 日本語でも「折り返し電話すること」を「コールバックする」と言ったりします。

---

064 ☑□□□□□

leave a message

伝言を残す

> 動詞 leave は本来「ほったらかす」の意味で、そこから「残す」となりました。May I leave a message? の形で使われ、直訳「伝言 (a message) を残し (leave) てもいいですか? (May I ～?)」→「伝言をお願いしてもいいですか?」となりました。

---

065 ☑□□□□□

You have the wrong number.

番号が間違っています。

> 間違い電話がかかってきたときに使います。wrong は「間違った」です。この表現をいきなり使うのではなく、その前に I'm sorry, but や I'm afraid をつけてワンクッションおいて丁寧な言い方をするのが一般的です。

---

066 ☑□□□□□

Go straight and turn right [left] at ～.

まっすぐ行って、～で右[左] に曲がってください。

> go straight で「まっすぐ行く」、turn right「右に曲がる」、turn left「左に曲がる」です。道案内をするときの定番表現です。

---

067 ☑□□□□□

You can't miss it.

すぐにわかります。

> 「あなたは (you) それを (it) 見逃すことはできない (can't miss)」→「(絶対) 見逃さない」→「すぐにわかりますよ」ということです。

---

068 ☑□□□□□

I'm not from {around} here.

私はこの辺りの者ではないんです。

> 直訳すると「この辺り (around here) の出身ではない (be not from)」→「この辺りの者ではありません」となります。道を聞かれて「わからない」と言うときに使います。

---

069 ☑□□□□□

just around the corner

すぐそこに

> around は「周辺」のイメージで、直訳「ちょうどすぐ (just) その角の (the corner) のまわりに (around)」→「すぐそこに」となりました。

---

070 ☑□□□□□

Really?

本当に?

> 単に「本当ですか?」という以外に、驚きなどを表して「えっ本当!?」という感じでも使えます。英会話だと「リアリ?」ではなく「リリ?」のように聞こえることもあります。

ZONE 1 [001 - 100]

ZONE 2 [101 - 200]

ZONE 3 [201 - 300]

ZONE 4 [301 - 400]

ZONE 5 [401 - 500]

ふろく まとめて覚える単語表現

071 ☑□□□□□

You must be kidding.

冗談でしょう。

動詞 kid には「(子どもに) 冗談を言う・からかう」というイメージで、「あなたは (You) 冗談を言っている (be kidding) に違いない (must)」→「冗談でしょう」となりました。

072 ☑□□□□□

Sounds good.

よさそうですね。

相手の提案や勧誘に対して「いいね」という感じで使えます。本来 That sounds good.「それはよさそうだね」で、That が省略されたので Sounds と3単現の s がつくわけです。ちなみに「おもしろそうだね」なら Sounds interesting. とすることもできます。

073 ☑□□□□□

That's too bad.

それは残念です。・お気の毒に。

直訳「それは (That) 悪すぎるね (too bad)」→「残念だ」となります。文脈によっては「お気の毒に」と訳すとピッタリハマるときもあります。

074 ☑□□□□□

Pardon?

もう一度おっしゃってください。

pardon は「許し」という名詞で、もともと I beg your pardon?「私はあなたの許しを懇願します」という形でした (beg は「懇願する」という意味)。「聞き取れなかったのでもう一度言ってくださいとお願いする私を許してください」という感じですね。

075 ☑□□□□□

Let me see.

えーと。

日本語の「え〜と」にあたる言葉です。英会話中に「え〜」という日本語を言うと英語ネイティブにはかなり不気味に聞こえるそうですから、ぜひ Let me see. と言ってみてください。

076 ☑□□□□□

You're welcome.

どういたしまして。

Thank you. や Thanks. とお礼を言われたときに使う表現です。

077 ☑□□□□□

My pleasure.

どういたしまして。

お礼を言われたときの返答です。{It's} my pleasure.「それは (It) 私の喜び (my pleasure) です (is)」→「どういたしまして」となりました。You're welcome. のバリエーションとしておさえてください。

078 ☑□□□□□

Guess what!

聞いてよ!

「何かを (what) 推測して (guess)」が直訳で、「ねえねえ何だと思う?」→「聞いてよ!」という感じで、会話の切り出しに使います。

079 ☑□□□□□

Don't worry.

心配しないで。

文字どおり「心配しないで・気にしないで」と相手を安心させるときに使う表現です。Don't 〜. は「〜しないで」という否定の命令文です。

080 ☑□□□□□

Good for you!

よかったね。・よくやったね。

直訳すると「あなたにとって (for you) よい (good)」ですね。そこから「よかったね・よくやったね」のように、相手をほめるときに使います。

081 ☑□□□□□

Good job.
よくできました。

本来 You did a good job. 「あなたはよい仕事をした」でした。ちなみに仕事でなく、ピアノの発表会など様々な場面でもほめ言葉として使えます。

082 ☑□□□□□

That's a good idea.
いい考えだね。

日本語の「いい考えだね」というのと同じノリで使えます。That's a を省略して Good idea. でも OK です。

083 ☑□□□□□

Get well soon!
早く元気になってね。

well は形容詞で「健康な」という意味があります。さらに get は「得る」のほかに「〜になる」という使い方があります (It's getting dark. 「暗くなってきている」など)。get well で「(体調が) よくなる」という意味になるわけです。

084 ☑□□□□□

Lucky you.
君って本当に運がいいね。

うまくいった相手に対して「ついてるね！」という感じで使います。ただし lucky はそもそも「運がよい」という意味なので、がんばって何かを成し遂げた相手にこれを使うと嫌味になることもあるので注意してください。

085 ☑□□□□□

That's enough.
もう十分です。

レストランで店員が水を注いでくれるときなどに Thank you, that's enough. 「ありがとうございます。十分です」のように使います。そのほか、怒りを表して「もう十分だ・もうたくさんだ！」という意味で使うこともあります。

086 ☑□□□□□

I'm coming.
今、行きます。

come は「中心にやってくる」イメージです。呼ばれたときに「(話題の) 中心に向かう」という意味で「行くよ」と使います。I'm going. だと「(中心から離れて) 行く (立ち去る)」となってしまうのです。

087 ☑□□□□□

I'm home.
ただいま。

英語では I'm home. 「家についたよ！」→「ただいま！」と考えます。I'm home. に対しては、Welcome back. 「お帰りなさい」と返します。

088 ☑□□□□□

by the way
ところで・そういえば

「話題を変えるとき」や「本題から雑談に入るときに使う」とよく習いますが、逆パターンで「(雑談から) 本題に入るときに使う」ときもあります (特に試験問題では)。

089 ☑□□□□□

for example
たとえば

具体例を出すときに使う表現です。ライティング問題で自分の経験などの具体例を出すときに使ってください。

090 ☑□□□□□

all over the world
世界中で・世界中に

over は「上から覆う」イメージです。「世界 (the world) 全体を (all) 覆うように (over)」→「世界中で・世界中に」です。

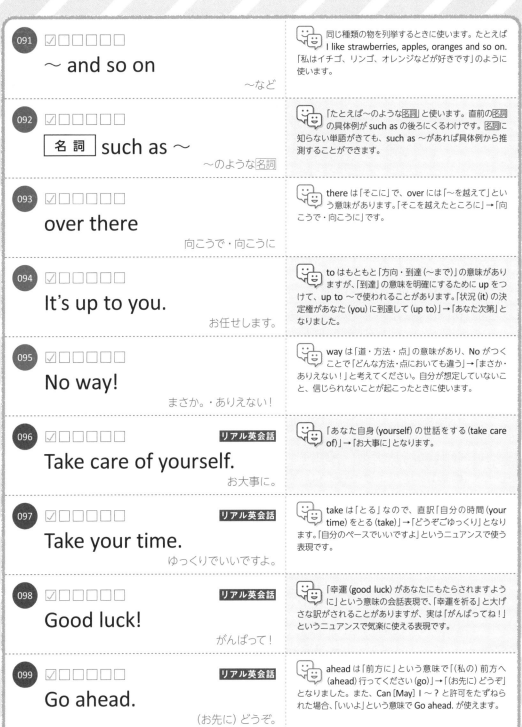

091 ☑□□□□□

～ and so on

～など

同じ種類の物を列挙するときに使います。たとえば I like strawberries, apples, oranges and so on. 「私はイチゴ、リンゴ、オレンジなどが好きです」のように使います。

092 ☑□□□□□

名詞 such as ～

～のような 名詞

「たとえば～のような 名詞」と使います。直前の 名詞 の具体例が such as の後ろにくるわけです。名詞に知らない単語がきても、such as ～があれば具体例から推測することができます。

093 ☑□□□□□

over there

向こうで・向こうに

there は「そこに」で、over には「～を越えて」という意味があります。「そこを越えたところに」→「向こうで・向こうに」です。

094 ☑□□□□□

It's up to you.

お任せします。

to はもともと「方向・到達（～まで）」の意味がありますが、「到達」の意味を明確にするために up をつけて、up to ～で使われることがあります。「状況 (it) の決定権があなた (you) に到達して (up to)」→「あなた次第」となりました。

095 ☑□□□□□

No way!

まさか。・ありえない！

way は「道・方法・点」の意味があり、No がつくことで「どんな方法・点においても違う」→「まさか・ありえない！」と考えてください。自分が想定していないこと、信じられないことが起こったときに使います。

096 ☑□□□□□ **リアル英会話**

Take care of yourself.

お大事に。

「あなた自身 (yourself) の世話をする (take care of)」→「お大事に」となります。

097 ☑□□□□□ **リアル英会話**

Take your time.

ゆっくりでいいですよ。

take は「とる」なので、直訳「自分の時間 (your time) をとる (take)」→「どうぞごゆっくり」となります。「自分のペースでいいですよ」というニュアンスで使う表現です。

098 ☑□□□□□ **リアル英会話**

Good luck!

がんばって！

「幸運 (good luck) があなたにもたらされますように」という意味の会話表現で、「幸運を祈る」と大げさな訳がされることがありますが、実は「がんばってね！」というニュアンスで気楽に使える表現です。

099 ☑□□□□□ **リアル英会話**

Go ahead.

（お先に）どうぞ。

ahead は「前方に」という意味で「(私の) 前方へ (ahead) 行ってください (go)」→「(お先に) どうぞ」となりました。また、Can [May] I ～? と許可をたずねられた場合、「いいよ」という意味で Go ahead. が使えます。

100 ☑□□□□□ **リアル英会話**

Help yourself to ～ .

～を自分でとって食べて[飲んで] ください。

「あなた自身の食事を手伝って (help yourself) ～に行きついて (to) ください」→「～を自分でとって食べて[飲んで] ください」と考えてください。「自分で自由にやってください」という感じです。

ZONE 1 [001 – 100]

ZONE 2 [101 – 200]

ZONE 3 [201 – 300]

ZONE 4 [301 – 400]

ZONE 5 [401 – 500]

ふろく まとめて覚える単語・表現

問題

次の英語の意味をそれぞれ❶〜❻から選びなさい。

01 (1) Good night.　　(2) Would you like to 原形?　　(3) Sure.
　　(4) Here you are.　　(5) Wait a minute.　　　　　(6) Welcome to 〜 .

❶ もちろんです。／ ❷ ちょっと待ってください。／ ❸ 〜するのはいかがですか?
❹ はい、どうぞ。／ ❺ おやすみなさい。／ ❻ 〜へようこそ。

02 (1) Get it?　　　　(2) Oh, no!　　(3) I'm sorry, but 〜 .
　　(4) How are you?　　(5) Not bad.　　(6) Shall we 原形?

❶ なんてことでしょう!・しまった!・ええっ! ／ ❷ (一緒に) 〜しましょうか?
❸ 悪くないです。／ ❹ わかった? ／ ❺ すみませんが〜。 ／ ❻ 調子はどうですか?

03 (1) How have you been?　　(2) Bye for now.　　(3) What's up?
　　(4) I'm good.　　　　　　 (5) Will you 原形?　　(6) What's going on?

❶ じゃあまた。／ ❷ (調子は) 良いです。／ ❸ 〜してくれませんか?
❹ やあ。・どうしたのですか? ／ ❺ どんな感じ? ／ ❻ 最近はどうですか?

04 (1) Could you 原形?　　(2) No, thank you.　　(3) Good morning.
　　(4) Certainly.　　　　　(5) Can I 原形?　　　　(6) Come on!

❶ いいえ、結構です。／ ❷ おはようございます。／ ❸ 〜してくださいませんか?
❹ おいおい! ／ ❺ 〜してもいいですか? ／ ❻ もちろんです。・かしこまりました。

05 (1) That's OK.　　　(2) Would you 原形?　　(3) Why not?
　　(4) Yes, please.　　(5) That's right.　　　(6) Not really.

❶ はい、お願いします。／ ❷ いいんですよ。／ ❸ (実は) そうでもないです。
❹ ええ、もちろん。／ ❺ そのとおりです。／ ❻ 〜してくださいませんか?

解答

01	(1) ❺	(2) ❸	(3) ❶	(4) ❹	(5) ❷	(6) ❻
02	(1) ❹	(2) ❶	(3) ❺	(4) ❻	(5) ❸	(6) ❷
03	(1) ❻	(2) ❶	(3) ❹	(4) ❷	(5) ❸	(6) ❺
04	(1) ❸	(2) ❶	(3) ❷	(4) ❻	(5) ❺	(6) ❹
05	(1) ❷	(2) ❻	(3) ❹	(4) ❶	(5) ❺	(6) ❸

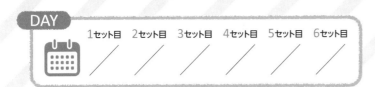

06
(1) For here or to go?　(2) My pleasure.　(3) Sounds good.
(4) for example　(5) Take care of yourself.　(6) leave a message

❶ お大事に。／❷ たとえば ／❸ どういたしまして。／❹ 伝言を残す
❺ よさそうですね。／❻ こちらで召しあがりますか、お持ち帰りになりますか？

07
(1) Anything else?　(2) Can I help you?　(3) No way!
(4) I'm coming.　(5) Pardon?　(6) You can't miss it.

❶ いらっしゃいませ。／❷ もう一度おっしゃってください。／❸ ほかに何か（いかがですか）？
❹ すぐにわかります。／❺ まさか。・ありえない！ ／❻ 今、行きます。

08
(1) Take your time.　(2) That's too bad.　(3) I'm not from {around} here.
(4) I'm home.　(5) Don't worry.　(6) Good for you!

❶ 心配しないで。／❷ よかったね。・よくやったね。／❸ それは残念です。・お気の毒に。
❹ 私はこの辺りの者ではないんです。／❺ ゆっくりでいいですよ。／❻ ただいま。

09
(1) Get well soon!　(2) Help yourself to ～.　(3) Good job.
(4) Go straight and turn at ～.　(5) ～ and so on　(6) That's a good idea.

❶ まっすぐ行って、～で曲がってください。／❷ よくできました。／❸ いい考えだね。
❹ ～を自分でとって食べて [飲んで] ください。／❺ ～など ／❻ 早く元気になってね。

10
(1) It's up to you.　(2) That's all.　(3) That's enough.
(4) 名詞 such as ～　(5) 自分の名前 speaking.（電話で）　(6) Lucky you.

❶ 君って本当に運がいいね。／❷ それで全部です。
❸ ～のような名詞 ／❹ もう十分です。／❺ 私です。／❻ お任せします。

	(1)	(2)	(3)	(4)	(5)	(6)
06	❻	❸	❺	❷	❶	❹
07	❸	❶	❺	❻	❷	❹
08	❺	❸	❹	❻	❶	❷
09	❻	❹	❷	❶	❺	❸
10	❻	❷	❹	❸	❺	❶

ZONE 1 [001 – 100]

ZONE 2 [101 – 200]

ZONE 3 [201 – 300]

ZONE 4 [301 – 400]

ZONE 5 [401 – 500]

ふろく まとめて覚える単語・表現

問題

英文の正しい日本語訳になるように、空所を埋めなさい。

（1） Hi, I'm Katie. — I'm Erika. Nice to meet you.
はじめまして、ケイティーです。—エリカです。（　　　　　）。

（2） Bye. — See you soon.
バイバイ。—じゃあ（　　　　　）。

（3） Be careful. There are books stacked all over the place.
（　　　　　）。そこらじゅうに本が積んであるから。

（4） Excuse me. Do you know where Yuzawa Station is?
（　　　　　）。湯沢駅ってどこかわかりますか？

（5） Why don't we sit down and talk?
ちょっと座って（　　　　　）？

（6） Why don't you get the pink one?
ピンクのほうにする（　　　　　）？

（7） Shall I open the window?
窓を（　　　　　）？

解答

（1） お会いできてうれしいです
（2） またね
（3） 気をつけて
（4） すみません
（5） 話しませんか
（6） のはどうですか
（7） 開けましょうか

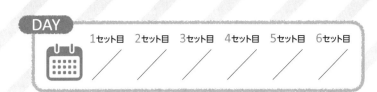

ZONE 1 [001 – 100]

ZONE 2 [101 – 200]

ZONE 3 [201 – 300]

ZONE 4 [301 – 400]

ZONE 5 [401 – 500]

ふろく　まとめて覚える単語・表現

（8）　Let's have lunch together.
　　　一緒にお昼を（　　　　　）。

（9）　May I use the restroom?
　　　お手洗いを（　　　　　）？

（10）　Thank you so much. — No problem.
　　　ありがとうございます。—（　　　　　）。

（11）　Is it okay if I borrow a book? — Of course!
　　　本を借りてもいいですか？ —（　　　　　）！

（12）　I was at school yesterday. — I see.
　　　昨日は学校にいました。—（　　　　　）。

（13）　Do you want to go to an amusement park with me?
　　　— I'd love to!
　　　私と一緒に遊園地に行かない？ —（　　　　　）！

（14）　I'm so sorry, I lost your pen. — That's all right.
　　　ごめんなさい、あなたのペンを失くしてしまいました。
　　　—（　　　　　）。

（8）食べましょう

（9）借りてもいいですか
　　　[使ってもいいですか]

（10）いいえ、問題ありません

（11）もちろん

（12）わかりました
　　　[なるほど・そうなんですね]

（13）ええ、ぜひとも

（14）大丈夫ですよ

問題

英文の正しい日本語訳になるように、空所を埋めなさい。

(15) Can you get me a pencil?

えんぴつをとって（　　　　　　）?

---

(16) Here you are. — Thank you.

（　　　　　　）。—ありがとう。

---

(17) Ladies and gentlemen, welcome to our 20th annual concert.

（　　　　　　）、第20回定期演奏会にお越し頂きありがとうございます。

---

(18) Watch your step when you leave the train.

電車を降りるときは、（　　　　　　）。

---

(19) What's up? — Not much.

やあ、元気？ —（　　　　　　）。

---

(20) Do you have a Facebook account? — No. I don't use social media.

フェイスブック（　　　　　　）? —やってないよ。SNSはやらないんだ。

---

(21) Are you ready to order? — Yes. Can I get a roast beef sandwich?

（　　　　　　）? —ええ。ローストビーフサンドイッチを1つもらえますか？

解答

(15) くれませんか	(20) やってる
(16) はい、どうぞ	(21) ご注文はお決まりですか
(17) みなさん	
(18) 足元に注意してください	
(19) まあまあだよ	

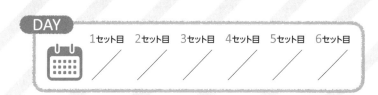
ZONE 1 [001 – 100]

ZONE 2 [101 – 200]

ZONE 3 [201 – 300]

ZONE 4 [301 – 400]

ZONE 5 [401 – 500]

ふろく まとめで覚える単語・表現

(22)　Can I get French fries? — What size would you like?
　　　フライドポテトを1つもらえますか？ー（　　　　　　）？

(23)　Would you like anything to drink?
　　　お飲み物は（　　　　　　）？

(24)　Do you have a blue dress? — Let me check.
　　　青いドレスはありますか？ ー（　　　　　）しますね。

(25)　Here's your change. — Thank you.
　　　おつりは（　　　　　）。ーありがとうございます。

(26)　Hi, can I help you? — I'm just looking.
　　　こんにちは、何かお探しですか？ー（　　　　　）。

(27)　May I speak to Ms. Garcia?
　　　ガルシアさんを（　　　　　）。

(28)　I'll call you back later.
　　　後で（　　　　　）しますね。

---

(22) サイズはどういたしますか　　　(27) お願いします

(23) いかがですか　　　　　　　　(28) 折り返し電話を

(24) 確認

(25) こちらです

(26) 見ているだけです

問題

(29) Um, I think you have the wrong number.
あの、（　　　　　）と思います。

---

(30) The bank is just around the corner.
銀行は（　　　　　）です。

---

(31) I saw a ghost last night! — Really?
昨日の夜、おばけを見たの！ －（　　　　　）？

---

(32) My daughter went to Harajuku by herself?
You must be kidding.
うちの娘が1人で原宿に行ったの？（　　　　　）。

---

(33) We need to buy apples, oranges…um, let me see…oh, and bread.
買うものはリンゴと、オレンジと…（　　　　　）…あ、あとパンですね。

---

(34) Thank you for your help. — You're welcome.
手伝っていただいてありがとうございます。－（　　　　　）。

---

(35) Guess what! I got a new video game for my birthday!
（　　　　　）！　誕生日に新しいゲームを買ってもらったんだ！

解答

(29) 番号が間違っている	(34) どういたしまして
(30) すぐそこ	(35) あのね・聞いてよ
(31) 本当に	
(32) 冗談でしょう	
(33) ええと	

(36)　By the way, when are you going to give the DVD back to me?
（　　　　　）、いつになったらDVDを返してくれるの？

(37)　He traveled all over the world.
彼は（　　　　　）旅しました。

(38)　Do you see the bird over there?
（　　　　　）に鳥が見える？

(39)　I have a piano concert on Sunday. I'm really nervous.
― I know you'll be fine. Good luck!
日曜日にピアノのコンサートがあるんだ。本当に緊張する。
―あなたなら大丈夫よ。（　　　　　）！

(40)　Can I take a look at your pictures? ― Go ahead.
あなたの写真を見てもいい？ ― （　　　　　）。

(36) ところで・そういえば
(37) 世界中を
(38) 向こう
(39) がんばって
(40) どうぞ

楽しかったキモチを思い出す

子どものころは英単語を覚えることが楽しかったと思います。友達に「これ英語で何て言うか知ってる？」って自慢しませんでしたか？　ひとつ英単語を覚えるたびに、自分の世界が広がっていくような気になったものです。

ところが、いつからか「英語の語彙を覚える」ことが「苦しい作業」になっちゃったかもしれません。

読者のみなさんがまだ中１なら、暗記モノも楽しめるかもしれません。ぜひその気持ちを忘れないでください。ほかの学年なら、英語が嫌いになってしまった人もいるでしょう。大人であれば、もっと増えるでしょう。

でも、みなさんがどんな状態であれ、この本を手にしてくれたことで、「あのときのキモチ」というものを思い出してくれればと思います。だからこそ、この本の表現暗記は絶対に成功させましょうね。

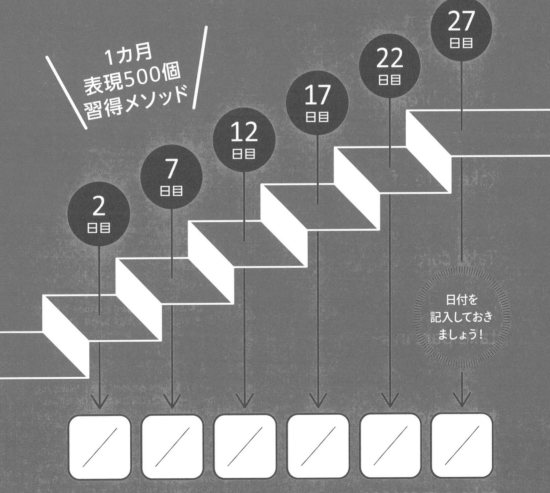

200 / 500 表現

ZONE 2
英語表現 101-200

[基本動詞中心の熟語]

1カ月
表現500個
習得メソッド

27
日目

22
日目

17
日目

12
日目

7
日目

2
日目

日付を
記入しておき
ましょう!

にやるべき ZONE のはじまりです

101	☑☐☐☐☐☐	
	take a seat	take の核心となる意味は「とる」です。直訳「席を (a seat) とる (take)」→「席につく・座る」となりました。ちなみに have a seat も同じ意味です（少し丁寧になります）。
	席につく・座る	

102	☑☐☐☐☐☐	
	take a bath	「入浴 (a bath) という行動をとる (take)」→「風呂に入る・入浴する」です。また、「シャワーを浴びる」は take a shower を使います。
	風呂に入る・入浴する	

103	☑☐☐☐☐☐	
	take a walk	「散歩 (a walk) という行動をとる (take)」→「散歩する」です。
	散歩をする	

104	☑☐☐☐☐☐	
	take a rest	「休み・休憩 (a rest) をとる (take)」→「休憩する」です。
	休憩する	

105	☑☐☐☐☐☐	
	take a break	break は「壊す」が有名ですが「中断」という意味もあります（やっていることを「壊して (break) 中断する」イメージ）。「中断 (a break) をとる (take)」→「中断する」→「休憩する」となりました。
	休憩する	

106	☑☐☐☐☐☐	
	take care of ～	「～の (of) 世話 (care) をとる (take)」→「～の世話をする・～の面倒をみる」です。
	～の世話をする・～の面倒をみる	

107	☑☐☐☐☐☐	
	Take care.	「注意 (care) をとる (take)」→「気をつけて」です。日本語でも「いってらっしゃい、気をつけてね」のように言いますね。相手が出かけるときや、どこかに向かうときに使う表現です。
	気をつけて。・さようなら。	

108	☑☐☐☐☐☐	
	take part in ～	「～の中に (in) 部分を (part) とる (take)」→「全体の一部をとる」→「～に参加する」となりました。
	～に参加する・～に出席する	

109	☑☐☐☐☐☐	
	take place	イベントを開催するために「場所を (place) とる (take)」→「開催される」と覚えれば OK です。イベントが主語になります。
	行われる・開催される	

110	☑☐☐☐☐☐	
	take a message	電話での会話で May I take a message? の形で使われ、直訳「伝言 (a message) をとっても いいですか？ (May I ～?)」→「伝言を受けて (預かって) もいいですか？」→「伝言をお預かりしましょうか」となりました。
	伝言を聞く・伝言を受ける	

DAY

1セット目 2セット目 3セット目 4セット目 5セット目 6セット目
／ ／ ／ ／ ／ ／

DOWNLOAD

ZONE 2-1
101-120

ZONE 1 [001 - 100]

ZONE 2 [101 - 200]

ZONE 3 [201 - 300]

ZONE 4 [301 - 400]

ZONE 5 [401 - 500]

ふろく まとめて覚える単語表現

111 ☑□□□□□

take down ～

〜をとり壊す

直訳は「下に (down) とる (take)」で、「下に引っ張って壊す」イメージで「〜をとり壊す」と覚えてください。

112 ☑□□□□□

take advantage of ～

〜を利用する

advantage は「強み・メリット」という意味で、「〜の (of) 強み (advantage) をとる (take)」→「〜を利用する」です。

113 ☑□□□□□

I'll take it.

それを買います。

「それにします (買います)」と言うときは動詞 take を使います。「いろんな商品の中からそれをとる (take)」という感じです。直接的な表現になる buy よりも take を使ったほうがスマートに聞こえます。

114 ☑□□□□□

take a picture

写真をとる

日本語でも「写真をとる」と言いますね。take pictures という形も同じ訳で OK です。

115 ☑□□□□□

take off （～）

（〜を）脱ぐ・離陸する

off は「分離」の意味です。着ている服を「とって (take) 分離させる (off)」→「〜を脱ぐ」です。ほかに、「(地面から) 離れる (off)」イメージで「離陸する」という意味もあります。

116 ☑□□□□□

take medicine

薬を飲む

「薬 (medicine) を体内にとり込む (take)」→「薬を飲む」となりました。例外的に take a medicine と言うことがありますが、原則として a はつけずに使います。

117 ☑□□□□□

take ［ 人 ］［ 物 ］ to ～

人を〜へ連れて行く・物を〜へ持って行く

take は「とる」で、「〜へ向かって (to) とる (take)」→「人を〜へ連れて行く」、「物を〜へ持って行く」となります。

118 ☑□□□□□

take ［ 人 ］ out

人を連れ出す

「人をとって (take) 外へ (out) いく」→「人を連れ出す」となりました。

119 ☑□□□□□

take ～ away

〜を奪う・〜を持ち去る

「遠くへ (away) 持っていく (take)」→「〜を奪う・〜を持ち去る」です。

120 ☑□□□□□

make a speech

スピーチする・演説する

make の核心は「(物や状況を) 作る」です。そして、人前で話すことを「スピーチ」と言いますね。英語では動詞 make a speech の形にして「スピーチ (a speech) を作る (make)」→「スピーチする・演説する」となります。

---

121 ☑□□□□□

make (a) noise

　　　　　　　騒ぐ・音を立てる

「ノイズ (noise) を作る (make)」→「騒ぐ」ということです。make a noise「音を立てる」、make noise(s)「騒ぐ」など細かい違いはありますが、まずは意味を理解できれば十分です。

---

122 ☑□□□□□

make a mistake

　　　　　　　　　間違える

「間違い (a mistake) を作る (make)」→「間違える」となりました。

---

123 ☑□□□□□

make a choice

　　　　　　　選ぶ・選択する

choice は動詞 choose「選ぶ」の名詞形です。「選択すること (a choice) を作る (make)」→「選ぶ・選択する」となります。

---

124 ☑□□□□□

make a note

　　　　　　　　メモをとる

英語の note は「メモ」のことです。「メモ (a note) を作る (make)」→「メモをとる」となりました。

---

125 ☑□□□□□

make a difference

　　　　　　　変化をもたらす

直訳は「違い (a difference) を作る (make)」です。「(前と) 違う」ということは「変化する」と考え、「変化をもたらす」と覚えてください。

---

126 ☑□□□□□

make up one's mind (to 原形)

　　　　　　　(〜する) 決心をする

mind は「精神」のほかに「意見 (考え)」という意味があります。「自分の意見 (one's mind) を作り上げる (make up)」→「決心をする」となります。

---

127 ☑□□□□□

be made of 材料

　　　　　　　〜でできている

もともとは make 〜 of 材料「材料で〜を作る」で、受動態にした be made of 材料 の形でよく使われます。of は「材料」の意味で、「見た目で材料が何かわかる」ときに使います。たとえば This desk is made of wood.「この机は木でできている」は、机を見れば木製だとわかりますね。

---

128 ☑□□□□□

be made from 原料

　　　　　　　原料から作られる

もともと make 〜 from 原料「原料から〜を作る」で、受動態にした be made from 原料 の形でよく使われます。from は「原料」を表します (「見た目では何が原料かわからない」というのがポイントです)。Wine is made from grapes.「ワインはブドウから作られる」は、ワインを見ただけではブドウから作られたとわかりません。

---

129 ☑□□□□□

make 〜 into 製品

　　　　　　　〜で製品を作る

into の後ろは「製品」がきます。「〜を原料にして製品を作る」という意味です。受動態 be made into 製品 は「〜 (製品) になる」と訳すとキレイな日本語になります。

---

130 ☑□□□□□

have a chance to 原形

　　　　　　　〜する機会がある

"to 原形" は形容詞的用法の不定詞で直前の a chance にかかります (「〜する機会」と訳す)。「〜する機会 (a chance to 〜) を持っている (have)」→「〜する機会がある」です。

DAY

1セット目 2セット目 3セット目 4セット目 5セット目 6セット目

／ ／ ／ ／ ／ ／

DOWNLOAD

ZONE 2-2

121-140

ZONE 1 [001～100]

ZONE 2 [101～200]

ZONE 3 [201～300]

ZONE 4 [301～400]

ZONE 5 [401～500]

ふろく まとめて覚える単語・表現

---

131 ☑☐☐☐☐☐

have no idea

まったくわからない

have an idea で「考え (idea) を持っている (have)」→「(よい) 考えがある」で、否定の no と一緒に使って、「考え (idea) を持って (have) いない (no)」→「わからない」となりました。

---

132 ☑☐☐☐☐☐

May I have your name, please?

お名前をうかがってもいいですか?

直訳「あなたの名前 (your name) を私が持って (把握して) もいいですか (May I have)」→「お名前をうかがってもいいですか?」となりました。What's your name? よりずっと丁寧な聞き方です。

---

133 ☑☐☐☐☐☐

Do you have a minute?

ちょっといいですか?・ちょっとお時間ありますか?

minute は「分」ですが、本来は「ちょっとの時間」という意味です。「ちょっとの時間 (a minute) を持っていますか (Do you have)」→「ちょっといいですか?」と相手に時間を割いてもらいたいときに使う会話表現です。

---

134 ☑☐☐☐☐☐

May I have your attention, please?

お知らせいたします。

attention は「注意」なので、直訳「あなたの注意 (your attention) を私が持ってもいいですか (May I have)」→「私に注目してください」ということです。Attention, please. と短く言うこともあります。お店のアナウンスなどで使われます。

---

135 ☑☐☐☐☐☐

have fun

楽しむ

直訳「楽しみ (fun) を持っている (have)」→「楽しむ」となりました。命令文 Have fun! は「楽しんでね!」や「行ってらっしゃい!」のようなイメージで、日常的にかなり使える便利な表現です。

---

136 ☑☐☐☐☐☐

have a baby

赤ちゃんが生まれる

have は様々な表現で使える動詞で、「赤ちゃん (a baby) がいる状況を持つ (have)」→「赤ちゃんを産む・赤ちゃんが生まれる」という意味になりました。

---

137 ☑☐☐☐☐☐

get to ～

～に着く・～に到着する

この get は「移動する」の意味で、「～に向かって (to) 移動する (get)」→「～へ着く」です。to は「方向・到達」を表し、最後までキッチリ届くイメージです。また、get home「家へ移動する」→「帰宅する」という表現もあります (この home は副詞「家へ」で、「～へ」にあたる前置詞 to は不要です)。

---

138 ☑☐☐☐☐☐

get off ～

(乗り物から) 降りる

off は「分離」の意味です (「スイッチオフ」とは回線が分離して電気が流れない状態ですね)。「(乗り物から) 分離して (off) 移動する (get)」イメージで「～から降りる」と覚えてください。

---

139 ☑☐☐☐☐☐

get up

起きる・起床する

get up は「起床する」という意味で、布団やベッドから「起き上がる」ことです。「(体が) 上に (up) 移動する (get)」→「起きる・起床する」です。「目が覚める (ベッドに横になったまま)」には awake や wake up を使います。

---

140 ☑☐☐☐☐☐

give ┌ 人 ┐ a hand

人に手を貸す

日本語では「手を貸す」と言いますが、英語では give「与える」を使って表します。hand は「援助の手」という意味で、「援助の手を (a hand) 人に与える (give)」→「人に手を貸す」となります。

141 ☑□□□□□	日本語でも「あきらめる」ことを「ギブアップする」と言います。give up の後ろには動名詞 (-ing) が続きます。give up「あきらめる」のように「中断」のイメージがある動詞などは、後ろに「動名詞 (-ing)」が続きます (ほかには finish・stop など)。
give up（-ing） （～するのを）あきらめる	

142 ☑□□□□□	日本語でもそのまま「宿題をする」と言いますね。英語でも動詞に do を使います。英作文のときは homework の前に所有格「～の」をつけるのを忘れないでください。
do one's homework 宿題をする	

143 ☑□□□□□	日本語では「ベストを尽くす」と言いますが、英語では動詞に do や try などが使われ do one's best や try one's best の形を使います。
do one's best 最善を尽くす	

144 ☑□□□□□	put は「置く」です。「離れたところに (away) 置く (put)」→「片づける」となりました。
put away 片づける	

145 ☑□□□□□	「(パーツなどを) 一緒に (together) 置く (put)」→「組み立てる」です。家具を組み立てるときなどに使えます。
put together 組み立てる	

146 ☑□□□□□ リアル英会話	単に「ひと切れのケーキ」という意味もありますが、「ケーキ (cake) ひとつ (a piece) を食べるくらい簡単」ということで、「朝飯前・とても簡単なこと」という意味で使われるようになりました。
a piece of cake 朝飯前・とても簡単なこと	

147 ☑□□□□□ リアル英会話	「パイ (を食べるの) と同じくらい (as pie) 簡単だ (easy)」という意味です。That test was easy as pie!「あのテスト超簡単だったよ！」のように使います。
easy as pie とても簡単で	

148 ☑□□□□□ リアル英会話	直訳すると「私はあなたにそう教えた」です (so は「そう」です)。相手にあらかじめ教えていたにもかかわらず、相手がそのミスをしてしまった場面などで「ほら、言わんこっちゃない」という感じで使えます。
I told you so. だから言ったでしょ。	

149 ☑□□□□□ リアル英会話	「やっているそのこと (it) を切り出して・切り取って (cut ～ out)」→「やめてよ」です。(「先生に見つかったら叱られるようなことをしている同級生などに Hey, cut it out! The teacher will get angry at us.「ちょっと、やめなよ！ 先生に怒られるよ」のように使います。
Cut it out! やめてよ！	

150 ☑□□□□□ リアル英会話	five は「5本の指」のことで、Give me five. で「指を5本出して」→「ハイタッチして」となります。ちなみに「ハイタッチ」という言葉は和製英語です。名詞としては high-five「ハイタッチ」を使います。
give me five ハイタッチする	

151	☑□□□□□	to は「方向・到達（〜へ）」です。「〜に向かって（to）くる（come）」→「〜へくる」です。
	come to 場所 〜へくる	

152	☑□□□□□	from は「出発点」を表すので、「〜を出発点として（from）やってくる（come）」→「（人が）〜出身だ」や「（物が）〜に由来する」となります。
	come from 〜 〜出身だ・〜に由来する	

153	☑□□□□□	この home は副詞「家へ」という意味で、「家へ（home）くる（come）」→「帰宅する」となりました。×）come to home としないように注意してください（to は不要です）。
	come home 帰宅する	

154	☑□□□□□	into は「（何かの空間の）中へ」というイメージです。「（部屋などの）中に（into）入ってくる（come）」ということです。
	come into 〜 〜に入ってくる	

155	☑□□□□□	「中に（in）くる（come）」→「（中に）入る」です。来客があったときなど「どうぞ中に入ってください」という際に come in を使います。英検の面接で入室する際に試験官が Please come in.「どうぞお入りください」と言うことがあります。
	come in 入る	

156	☑□□□□□	「後ろに（back）くる（come）」→「戻る・帰る」です。日本語でも「もとの状態に戻ること」を「カムバックする」と言いますね。
	come back 戻る・帰る	

157	☑□□□□□	out は「外へ」の意味で、「外へ（out）出てくる（come）」→「現れる」です。
	come out 現れる	

158	☑□□□□□	「一緒に（together）くる（come）」→「集まる」となります。
	come together 集まる	

159	☑□□□□□	across「横切って」には cross「十字」のつづりがあります。「交差点（十字路）でばったり出会う」イメージで「〜と偶然出会う・〜をふと見つける」と覚えてください。
	come across 〜 〜と偶然出会う・〜をふと見つける	

160	☑□□□□□	「真実という状態（true）にやってくる（come）」→「真実になる」→「実現する」です。Dreams come true. は「夢が実現する」→「夢はかなう」という意味です。
	come true 実現する	

ZONE 1 [001－100]

ZONE 2 [101－200]

ZONE 3 [201－300]

ZONE 4 [301－400]

ZONE 5 [401－500]

ふろく まとめて覚える単語・表現

ZONE 2
英語表現 161-180

---

161 ☑□□□□□

come up with ～

～を思いつく

「よい考えがやって<u>くる</u> (come up)。そしてその考えを所有する (with)」イメージです。

---

162 ☑□□□□□

How come ?

どうして？

「どうやって (how)(そこに)やって<u>きたの</u> (come)?」→「どうして？」と「理由」をたずねる表現になりました。

---

163 ☑□□□□□

go home

帰宅する

come home と同様に home は副詞「家<u>へ</u>」です (home の前に to は不要です)。「家へ<u>行く</u>」→「帰宅する」です。

---

164 ☑□□□□□

go down ～

～に沿って行く・～を通って行く

down には along「～に沿って」と同じ意味があります。「～に沿って (down)<u>行く</u> (go)」です。Go down this street. 「この通りに沿って行ってください」のように道案内の場面で使います。

---

165 ☑□□□□□

go out (for ～)

(～のために) 出かける

直訳から「外へ (out)<u>行く</u> (go)」→「外出する」で大丈夫ですね。for を使って「出かける理由」をつけ加えることもできます。

---

166 ☑□□□□□

go away

立ち去る・消える

「遠くへ (away)<u>行く</u> (go)」→「立ち去る・消える」です。「あっち行ってよ！」というときに、命令文でGo away! と使えます。

---

167 ☑□□□□□

go for a walk

散歩に行く

for は「方向性」を表すので、「散歩に (a walk)向かって・求めて (for)出て<u>行く</u> (go)」→「散歩に行く」となりました。

---

168 ☑□□□□□

go to bed

寝る

「ベッドに<u>行く</u>」ということは？→「寝る」と考えてください。bed には a などの冠詞がつかないのがポイントです (a などの冠詞がつくと具体的なものを表すので、「ベッドのところに行く」という意味になってしまいます)。

---

169 ☑□□□□□

go to 原形

～しに行く

"go to 場所" は「～へ行く」ですが、to の後ろに動詞の原形がきて "go to 原形" となると、「目的 (～するために)」を表す副詞的用法の不定詞となり、直訳「<u>～するために行く</u>」→「～しに行く」となります。たとえば go to see ～「～に会いに行く」などがあります。

---

170 ☑□□□□□

go shopping

買い物に行く

shop には「買い物をする」という動詞の意味があり、go shopping で「買い物に行く」となります。

048

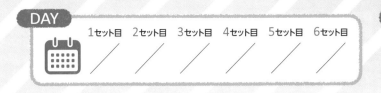

DAY

1セット目 2セット目 3セット目 4セット目 5セット目 6セット目

DOWNLOAD
ZONE 2-4
161-180

ZONE 1 [001 - 100]
ZONE 2 [101 - 200]
ZONE 3 [201 - 300]
ZONE 4 [301 - 400]
ZONE 5 [401 - 500]
ふろく まとめで覚える単語・表現

171 ☑□□□□□
go fishing
釣りに行く

fish には動詞で「釣りをする」という意味があり、fishing は -ing がついた形です。go fishing で「釣りに行く」です。go -ing の形は go cycling「サイクリングに行く」、go surfing「サーフィンに行く」などの表現もあります。

172 ☑□□□□□
go on a trip
旅行に出かける

「旅行する」には、go on a trip のように、trip を名詞で使い go on とセットで使うのが一般的です。

173 ☑□□□□□
go through ～
～を経験する・やり抜く

「～の中を通って (through) 行く (go)」→「～を経験する・やり抜く」となりました。go through some difficult times「いろいろと辛い時期を経験する」のように使います。

174 ☑□□□□□
look at ～
～を見る

look は「視線を向ける」、at は「一点」を表します。「一点に (at) 視線を向ける (look)」→「～を見る」です。英語の授業中に先生が Look at me.「私のほうを見て」と言うのは「私 (me) という一点に (at) 視線を向けて (look)」ということです。

175 ☑□□□□□
look for ～
～を探す

for は「方向性 (～を求めて)」です。「～を求めて (for) 視線を向ける (look)」→「～を探す」です。「探している物を求めてキョロキョロする」イメージです。

176 ☑□□□□□
look after ～
～の世話をする

「～の後ろに (after) 視線を向ける (look)」→「～の世話をする」です。「公園で遊んでいる我が子の後を目で追う」イメージです。

177 ☑□□□□□
look around ～
～を見回す

around は「周囲」を表します。「周囲に (around) 視線を向ける (look)」→「～を見回す」となりました。

178 ☑□□□□□
look up ～
(辞書などで) ～を調べる

「辞書を見て (look) 意味を拾い上げる (up)」イメージで「～を調べる」と覚えてください。

179 ☑□□□□□
look forward to ～
～を楽しみに待つ

to は前置詞なので後ろには動名詞 (-ing) や名詞がきます (不定詞ではないので動詞の原形はきません)。「～することに対して (to) 前向きに (forward) 目を向ける (look)」→「～を楽しみに待つ」です。

180 ☑□□□□□
enjoy oneself
楽しく過ごす

直訳「自分自身を (oneself) 楽しませる (enjoy)」→「楽しく過ごす」となりました。Did you enjoy yourself?「楽しかった？」という文でよく使います。

181 ☑□□□□□

check ～ out
～を調べる

「チェックして (check) 外へ出す (out)」→「～を調べる」となります。「(情報を) 外へ出して明らかにする」イメージです。命令文の Check it[this] out. は「見てね」という意味になり、とてもよく使われます。

182 ☑□□□□□

cut off ～
～を切り離す

「カットして (cut) 離す (off)」→「～を切り離す」です。

183 ☑□□□□□

fall down
倒れる・転ぶ

直訳「落ちる (fall) 下へ (down)」→「倒れる・転ぶ」となりました。

184 ☑□□□□□

grow up
成長する・大人になる

「成長して (grow) 上へ (up) どんどん大きくなる」イメージで、「成長する・大人になる」と覚えてください。

185 ☑□□□□□

lose one's way
道に迷う

直訳「道を (way) 失う (lose)」→「(進むべき) 道を失う」→「道に迷う」となりました。

186 ☑□□□□□

pick up ～
物を拾う・手に入れる・人を車で迎えに行く

「つまんで (pick) 拾い上げる (up)」→「拾う」で、「物を拾う」→「物を手に入れる」、「(車で) 人を拾う」→「車で人を迎えに行く」となりました。

187 ☑□□□□□

run away
逃げる

直訳「遠くへ (away) 走る (run)」→「逃げる」です。run の n と away の a がくっついて「ラナウェイ」のように発音します。

188 ☑□□□□□

stay up (late)
(寝ないで) 起きている・夜ふかしする

「遅くに (late) 起きた (up) ままでいる (stay)」→「夜ふかしする」となります。英検のリスニング問題でも要チェックの熟語です。

189 ☑□□□□□

throw ～ away
～を捨てる

直訳「遠くへ (away) 投げる (throw)」→「～を捨てる」となりました。

190 ☑□□□□□

turn ～ off
(テレビなどを) 消す・とめる

昔のテレビにはチャンネルを変えるためのつまみがついていました。「(つまみを) 回して (turn) スイッチをオフにする (off)」→「(明かりなどを) 消す」です。off は「分離」の意味です。

DAY

1セット目 2セット目 3セット目 4セット目 5セット目 6セット目
／ ／ ／ ／ ／ ／

DOWNLOAD

ZONE 2－5
181-200

---

191 ☑☐☐☐☐☐

write ～ down

～を書き留める

直訳は「下に (down) 書く (write)」です。下に置いてあるメモに書くイメージで「～を書き留める」と覚えてください。

---

192 ☑☐☐☐☐☐

change trains

列車を乗り換える

乗り換えるときは「乗っていた列車」と「これから乗る列車」の2本必要なので、必ず trains と複数形になります。

---

193 ☑☐☐☐☐☐

change one's mind

考えを変える

mind には「考え」という意味があります。直訳「自分の考え (one's mind) を変える (change)」ということです（126 044 ページ make up one's mind 参照）。

---

194 ☑☐☐☐☐☐

fall asleep

寝入る

「眠りの状態に (asleep) 落ちる (fall)」→「寝入る」です。日本語でも無意識に寝てしまうことを「眠りに落ちる」「寝落ちする」と言ったりしますね。

---

195 ☑☐☐☐☐☐

die out

絶滅する・消滅する

「すっかり (out) 死ぬ (die)」→「絶滅する・消滅する」となりました。恐竜や動物がテーマの長文問題でよく出る熟語です。

---

196 ☑☐☐☐☐☐ リアル英会話

I'm broke.

お金がないんだ。

broke は break の過去形で有名ですが、実は形容詞で「お金がない・一文無しの」という意味があり、お金がないときに I'm broke. と言います。誘いを断るとき日本語でも「今、お金ないんだよね」のように言うことがありますよね。

---

197 ☑☐☐☐☐☐ リアル英会話

no sweat

お安いご用

sweat は「汗」で、no sweat は「まったく汗をかくほどのことではない」→「お安いご用」となりました。また「心配無用」というときにも使えます（「心配しすぎて汗をかくことはないよ」ということです）。

---

198 ☑☐☐☐☐☐ リアル英会話

chill out

くつろぐ

chill には動詞「冷静になる」という意味があります（「冷やす」が有名な意味で冷蔵庫の「チルド」は chilled です）。「(パニックにならずに) 冷静になる」→「落ち着く」→「リラックスする・くつろぐ」と考えてください。

---

199 ☑☐☐☐☐☐ リアル英会話

hang out

ぶらぶらして時間を過ごす

「外出して (out) ぶらぶら遊ぶ (hang)」ときに使います（実際には「家で過ごす」ときにも使えますが）。hang は「(洋服をつるす) ハンガー」から、ぶらぶらしているイメージを持ってください。

---

200 ☑☐☐☐☐☐ リアル英会話

Look at you!

まあ、すてき！

ほめるときに使う表現です。直訳は「あなたを見なさい」で、「なんてすてきなの？　自分のこと見てみなよ！」というイメージです。まわりの人がすてきな服を着ているときや髪型を変えたときに言ってみましょう。

問 題

次の英語の意味をそれぞれ❶～❻から選びなさい。

01 (1) make (a) noise　　(2) get off ～　　(3) make ～ into 製品
　　(4) make a difference　　(5) give 人 a hand　　(6) May I have your name, please?

❶ 変化をもたらす ／ ❷ 人に手を貸す ／ ❸ 騒ぐ・音を立てる
❹ お名前をうかがってもいいですか？ ／ ❺ ～で製品を作る ／ ❻ (乗り物から) 降りる

02 (1) take a rest　　(2) take a seat　　(3) take part in ～
　　(4) easy as pie　　(5) take a walk　　(6) do one's homework

❶ 宿題をする ／ ❷ とても簡単で ／ ❸ 席につく・座る ／ ❹ 散歩をする
❺ 休憩する ／ ❻ ～に参加する・～に出席する

03 (1) have a baby　　(2) May I have your attention, please?　　(3) have fun
　　(4) Take care.　　(5) make a note　　(6) take care of ～

❶ メモをとる ／ ❷ 気をつけて。・さようなら。 ／ ❸ 楽しむ ／ ❹ 赤ちゃんが生まれる
❺ お知らせいたします。 ／ ❻ ～の世話をする・～の面倒をみる

04 (1) make a choice　　(2) make up one's mind (to 原形)　　(3) give me five
　　(4) do one's best　　(5) take 人 out　　(6) take advantage of ～

❶ 最善を尽くす ／ ❷ ハイタッチする ／ ❸ (～する) 決心をする
❹ 選ぶ・選択する ／ ❺ ～を利用する ／ ❻ 人を連れ出す

05 (1) be made from 原料　　(2) give up (-ing)　　(3) take a message
　　(4) put together　　(5) Do you have a minute?　　(6) take medicine

❶ 原料から作られる ／ ❷ 薬を飲む ／ ❸ (～するのを) あきらめる ／ ❹ 組み立てる
❺ 伝言を聞く・伝言を受ける ／ ❻ ちょっといいですか？・ちょっとお時間ありますか？

解 答

	(1)	(2)	(3)	(4)	(5)	(6)
01	❸	❻	❺	❶	❷	❹
02	❺	❸	❻	❷	❹	❶
03	❹	❺	❸	❷	❶	❻
04	❹	❸	❷	❶	❻	❺
05	❶	❸	❺	❹	❻	❷

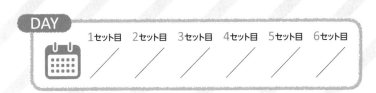

06 (1) write ～ down　(2) go through ～　(3) cut off ～
　　(4) no sweat　(5) go down ～　(6) come in

❶ お安いご用 ／ ❷ ～に沿って行く・～を通って行く ／ ❸ ～を書き留める
❹ 入る ／ ❺ ～を切り離す ／ ❻ ～を経験する・やり抜く

07 (1) come across ～　(2) run away　(3) go on a trip
　　(4) come home　(5) hang out　(6) look around ～

❶ 旅行に出かける ／ ❷ ～と偶然出会う・～をふと見つける ／ ❸ 逃げる
❹ ～を見回す ／ ❺ ぶらぶらして時間を過ごす ／ ❻ 帰宅する

08 (1) go away　(2) come to 場所　(3) change one's mind
　　(4) go out (for ～)　(5) enjoy oneself　(6) throw ～ away

❶ ～へくる ／ ❷ 楽しく過ごす ／ ❸ 考えを変える ／ ❹ (～のために) 出かける
❺ ～を捨てる ／ ❻ 立ち去る・消える

09 (1) die out　(2) lose one's way　(3) come into ～
　　(4) chill out　(5) come back　(6) check ～ out

❶ 絶滅する ／ ❷ ～に入ってくる ／ ❸ くつろぐ ／ ❹ 道に迷う ／ ❺ 戻る・帰る
❻ ～を調べる

10 (1) come together　(2) look at ～　(3) come out
　　(4) go to 原形　(5) grow up　(6) go fishing

❶ ～を見る ／ ❷ 成長する・大人になる ／ ❸ ～しに行く ／ ❹ 集まる
❺ 釣りに行く ／ ❻ 現れる

ZONE 1 [001 – 100]
ZONE 2 [101 – 200]
ZONE 3 [201 – 300]
ZONE 4 [301 – 400]
ZONE 5 [401 – 500]
まとめて覚える単語・表現

06	(1) ❸	(2) ❻	(3) ❺	(4) ❶	(5) ❷	(6) ❹
07	(1) ❷	(2) ❸	(3) ❶	(4) ❻	(5) ❺	(6) ❹
08	(1) ❻	(2) ❶	(3) ❶	(4) ❹	(5) ❷	(6) ❺
09	(1) ❶	(2) ❹	(3) ❷	(4) ❸	(5) ❺	(6) ❻
10	(1) ❹	(2) ❶	(3) ❻	(4) ❸	(5) ❷	(6) ❺

問題

英文の正しい日本語訳になるように、空所を埋めなさい。

（1） I usually take a bath at 9 p.m.
普段は午後9時に（　　　　　）。

（2） Do you want to take a break?
少し（　　　　　）?

（3） The event took place in New York.
そのイベントはニューヨークで（　　　　　）。

（4） They finally took down the wall.
人々がついに壁を（　　　　　）。

（5） They cost two dollars each. — I'll take it.
ひとつ2ドルになります。—（　　　　　）。

（6） Let's take a picture together!
みんなで（　　　　　）!

（7） Please take off your shoes here.
こちらで靴を（　　　　　）ください。

解答

（1）お風呂に入ります	（5）ではそれを買います・それにします
（2）休憩しますか	
（3）開催された	（6）写真をとりましょう
（4）とり壊した	（7）脱いで

（8）　Dad took us to the amusement park last Sunday.
父は先週の日曜日、私たちを遊園地に（　　　　　）。

（9）　My parents took away my video games.
両親がテレビゲームを（　　　　　）。

（10）　This chair is made of wood.
このイスは木で（　　　　　）。

（11）　I have to make a speech in English in front of the whole class.
クラスのみんなの前で、英語で（　　　　　）なければなりません。

（12）　My sister made a mistake on her math test.
姉は数学の試験で（　　　　　）。

（13）　I had a chance to meet a famous actor.
有名な俳優に（　　　　　）。

（14）　I have no idea why my child is crying.
なぜ子どもが泣いているか（　　　　　）。

（8）連れて行きました

（9）とり上げました・
　　持ち去りました

（10）できています

（11）スピーチをし・演説をし

（12）間違えました・ミスをしました

（13）会う機会がありました

（14）まったくわかりません

ZONE 1 [001 – 100]
ZONE 2 [101 – 200]
ZONE 3 [201 – 300]
ZONE 4 [301 – 400]
ZONE 5 [401 – 500]
ふろく まとめて覚える単語表現

問題

(15) I got to the movie theater 30 minutes late.

30分遅れて映画館に（　　　　）。

---

(16) Yesterday, I got up early and made breakfast.

昨日、私は早く（　　　　）朝食を作りました。

---

(17) Put away your toys, Jessica!

ジェシカ、おもちゃを（　　　　）！

---

(18) The test was a piece of cake.

テスト、（　　　　）だったよ。

---

(19) My sister got mad at me for stealing her ice cream.
— See? I told you so.

お姉ちゃんのアイスを食べたら怒られた。
ーほらね。（　　　　）。

---

(20) Hey, cut it out! The teacher will get angry at us.

ちょっと、（　　　　）！　先生に怒られるよ。

---

(21) I come from Mexico.

私はメキシコ（　　　　）。

解答

(15) 到着した

(16) 起きて

(17) 片づけなさい

(18) とても簡単

(19) だから言ったでしょ

(20) やめなよ

(21) 出身です

ZONE 1 [001 - 100]

ZONE 2 [101 - 200]

ZONE 3 [201 - 300]

ZONE 4 [301 - 400]

ZONE 5 [401 - 500]

ふろく　まとめて覚える単語・表現

(22)　Do you think my dream will come true?
　　　私の夢は（　　　　　　　）と思いますか？

(23)　Did you come up with this idea?
　　　あなたがこの案を（　　　　　）？

(24)　I want to sleep. — How come? It's still noon.
　　　寝たいなあ。—（　　　　　）？　まだお昼だよ。

(25)　I need to go home now.
　　　もう（　　　　　）なきゃ。

(26)　It's sunny today. Let's go for a walk.
　　　今日は晴れているね。（　　　　　）。

(27)　Go to bed, Brandon. You need to wake up early tomorrow.
　　　（　　　　　）、ブランドン。明日は朝早いんだから。

(28)　I want to go shopping too, but I'm too busy.
　　　私も（　　　　　）けど、とても忙しいんだ。

---

(22)　実現する・かなう　　　　　　(27)　寝なさい

(23)　思いついたのですか　　　　　(28)　買い物に行きたい

(24)　どうして

(25)　帰宅し・家に帰ら

(26)　散歩に行きましょう

問 題

(29) Sir, what are you doing here? — I'm looking for my wallet.

お兄さん、こんなところで何をしているんですか？
ー財布を（　　　　　）。

(30) Can you look after my sister for a while?

少しの間、妹の（　　　　　）くれますか？

(31) I looked up the word in a dictionary.

辞書でその言葉を（　　　　　）。

(32) The event is only 3 days away!
— Yup. I'm looking forward to it.

イベントまであと３日だね！ ーそうだね。（　　　　　）。

(33) My grandmother fell down and broke her arm.

祖母が（　　　　　）腕を骨折しました。

(34) I'll pick you up at the airport.

空港まであなたを（　　　　　）よ。

(35) Don't stay up too late.

あんまり（　　　　　）いけません。

解 答

(29) 探しているんです	(34) 迎えに行く
(30) 世話をして・面倒をみて	(35) 夜ふかししては
(31) 調べました	
(32) 楽しみだね	
(33) 転んで	

ZONE 1 [001 ~ 100]

ZONE 2 [101 ~ 200]

ZONE 3 [201 ~ 300]

ZONE 4 [301 ~ 400]

ZONE 5 [401 ~ 500]

ふろく　まとめて覚える単語・表現

(36)　Did you turn off the TV before you went to bed last night?

昨晩、寝る前に、テレビをちゃんと（　　　　　）？

(37)　Do I change trains at Shibuya or Shinagawa?

私は渋谷と品川どちらで（　　　　　）ばいいんですか？

(38)　I fell asleep during class.

私は授業中、（　　　　　）しまいました。

(39)　Can I borrow 1000 yen? I'm broke.

1,000円借りてもいい？　（　　　　　）。

(40)　Look at you! Your dress is so beautiful.

（　　　　　）！　とてもきれいなドレスね。

---

(36)　消しましたか

(37)　乗り換えれ

(38)　居眠りして・寝入って

(39)　お金がないんだ

(40)　まあ、すてき

予備校での、ある感想

ある日の予備校の授業後、生徒から次の感想をもらいました。

「毎日の単語テストはメチャクチャ厳しいけど、単語を覚えていくと長文が読みやすくなってくるので、どんどん覚えていきたい」

このコトバには、ボク自身がハッとさせられました。

高校3年生になって、大学受験が差し迫っている中で、こういう発想を持てることも素晴らしいのですが、やっぱり英語って楽しいものなんだよなあ、ということを思い出せました。

ZONE 3

英語表現 201 − 300

[前置詞中心の熟語①]

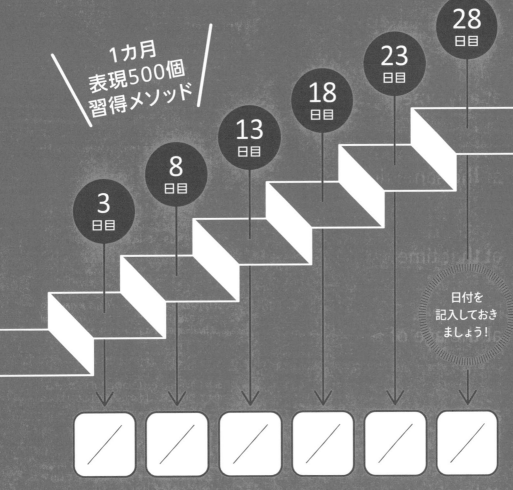

1カ月
表現500個
習得メソッド

28
日目

23
日目

18
日目

13
日目

8
日目

3
日目

日付を
記入しておき
ましょう！

/　　/　　/　　/　　/　　/

にやるべき ZONE のはじまりです

201 ☑☐☐☐☐☐

arrive at[in] 場所

〜に到着する

at の核心は「一点」で、arrive at 〜の at は「場所の一点」です。地図上で到着する場所を「点」でとらえるイメージです。ちなみにその街並みにすっぽり包まれているイメージで「包囲された場所」ととらえるときは "arrive in 場所" を使うこともあります。

202 ☑☐☐☐☐☐

stay at[in] 場所

〜に滞在する・〜に泊まる

at は「場所の一点」で、「場所 (の一点) に滞在する・泊まる」です (arrive と同じように「包囲された場所」ととらえる場合は、at ではなく in を使って "stay in 場所" とします)。

203 ☑☐☐☐☐☐

at noon

正午に

at は「時の一点」、noon は「正午」なので、時計の針が 12 時ちょうどの一点をビシッと指しているイメージで「正午に」と覚えてください。

204 ☑☐☐☐☐☐

at night

夜に・夜は

night「夜」は長いように思えますが、昔は夜になると明かりもなく活動できない時間でした。「活動できない時間」→「止まった時間」と考え、「時の一点」を表す at が使われるようになりました。

205 ☑☐☐☐☐☐

at any time

いつでも

any は本来「どんな〜でも」という意味なので、「どんな (any) とき (time) の一点 (at) でも」→「いつでも」となりました。

206 ☑☐☐☐☐☐

at the same time

同時に

「同じ時間 (the same time) という一点で (at)」→「同時に」となります。

207 ☑☐☐☐☐☐

at that time

そのとき(は)・その当時(は)

過去の一点を指して「その (that) とき (time) という一点で (at)」→「そのとき (は)・その当時 (は)」です。

208 ☑☐☐☐☐☐

at the age of 〜

〜歳のときに

at は「時の一点」を表し、「〜の (of) 年齢 (the age) の一点で (at)」→「〜歳のときに」となりました。at the age of five「5 歳のときに」のように使います。

209 ☑☐☐☐☐☐

at once

すぐに

at は「時の一点」で、「(2 つのことが) 一度 (once) の点で (at)」と考え、「すぐに・同時に」となりました。

210 ☑☐☐☐☐☐

at least

少なくとも

least は little「(量が) 少ない」の最上級です (ちなみに比較級は less)。「一番少ない (least) 点で (at) 考えても」→「少なくとも」となりました。

211 ☑□□□□□
at last
ついに・とうとう

「最後の (last) 一点で (at)」→「ついに・とうとう」となりました。at first「最初 (の一点で) は」の反対のイメージです。

212 ☑□□□□□
at a low price
低価格で

低い価格の「一点」を指しているイメージです。「低い (low) 価格 (price) の一点で (at)」→「低価格で」です。

213 ☑□□□□□
be good at ～
～が得意だ

「～の一点において (at) すぐれて (good) いる (be)」→「～が得意だ」です。前置詞 at の後ろは「名詞・動名詞 (-ing)」が続きます。自己紹介のほか、高校入試では「～が得意だから○○になりたい」など、「将来の夢」がテーマの英作文で便利です。

214 ☑□□□□□
be surprised at ～
～に驚く

surprise は「驚かせる」で、受動態 be surprised は「驚かされる」→「驚く」となるのがポイントです。at は「対象の一点」で、驚いたときにそちらの一点に意識が向いているイメージです。

215 ☑□□□□□
knock at ～
～をノックする

ものごとを「一点」でとらえるのが at で、その一点をめがけることから「めがける一点」の意味に発展しました。knock at the door は「ドアの一点をめがけてノックする」イメージです。

216 ☑□□□□□
point at ～
～を指す

point は名詞「ポイント・点」のほかに、動詞で「指す」という意味があります。「一点をめがけて (at) 指す (point)」イメージで覚えてください。

217 ☑□□□□□
at work
仕事にでかけていて・仕事中で

「～中」というときに at が使えます。この at は「状態の一点」で、「～している状態の一点にいる」という意味です (1日の時間軸の中で、その動作を「点」でとらえるイメージです)。「仕事 (work) という状態の一点にいる (at)」→「仕事中」となります。

218 ☑□□□□□
at school
授業中に

school の「学校」は誰もが知っている意味ですが、school には「授業」という意味もあります。この at は「状態の一点」で、「授業 (school) の一点で (at)」→「授業中に」となりました (そのまま「学校で」という意味で使われることもあります)。

219 ☑□□□□□
at home
家で・くつろいで

at は「状態の一点」で、「家にいる」→「くつろいだ状態でいる」→「くつろいで」という意味になりました。Please make yourself at home. 「あなた自身を (yourself) 家にいる (at home) 状態にしてください」→「くつろいでください」という会話表現でも使われています。

220 ☑□□□□□
at war
戦争中で

at は「状態の一点」で、「戦争 (war) の状態の一点で (at)」→「戦争中で」となりました。ちなみに war の発音は「ワー」ではなく「ウォー」という感じです。

ZONE 1 [001 - 100]
ZONE 2 [101 - 200]
ZONE 3 [201 - 300]
ZONE 4 [301 - 400]
ZONE 5 [401 - 500]
ふろく まとめて覚える単語・表現

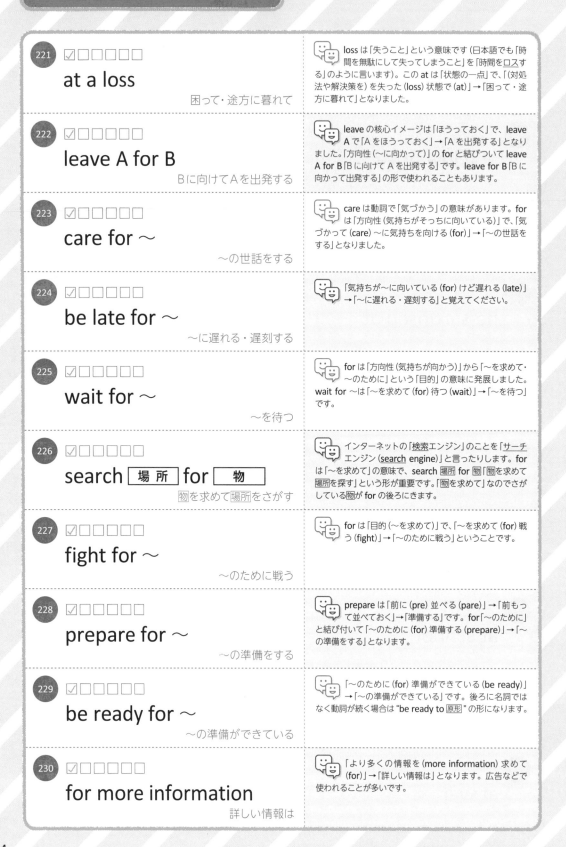

221 ☑□□□□□

at a loss

困って・途方に暮れて

loss は「失うこと」という意味です（日本語でも「時間を無駄にして失ってしまうこと」を「時間をロスする」のように言います）。この at は「状態の一点」で、「（対処法や解決策を）を失った (loss) 状態で (at)」→「困って・途方に暮れて」となりました。

222 ☑□□□□□

leave A for B

Bに向けてAを出発する

leave の核心イメージは「ほうっておく」で、leave A で「A をほうっておく」→「A を出発する」となりました。「方向性（〜に向かって）」の for と結びついて leave A for B「B に向けて A を出発する」です。leave for B「B に向かって出発する」の形で使われることもあります。

223 ☑□□□□□

care for 〜

〜の世話をする

care は動詞で「気づかう」の意味があります。for は「方向性（気持ちがそっちに向いている）」で、「気づかって (care) 〜に気持ちを向ける (for)」→「〜の世話をする」となりました。

224 ☑□□□□□

be late for 〜

〜に遅れる・遅刻する

「気持ちが〜に向いている (for) けど遅れる (late)」→「〜に遅れる・遅刻する」と覚えてください。

225 ☑□□□□□

wait for 〜

〜を待つ

for は「方向性（気持ちが向かう）」から「〜を求めて・〜のために」という「目的」の意味に発展しました。wait for 〜は「〜を求めて (for) 待つ (wait)」→「〜を待つ」です。

226 ☑□□□□□

search 場所 for 物

物を求めて場所をさがす

インターネットの「検索エンジン」のことを「サーチエンジン (search engine)」と言ったりします。for は「〜を求めて」の意味で、search 場所 for 物「物を求めて場所を探す」という形が重要です。「物を求めて」なのでさがしている物が for の後ろにきます。

227 ☑□□□□□

fight for 〜

〜のために戦う

for は「目的（〜を求めて）」で、「〜を求めて (for) 戦う (fight)」→「〜のために戦う」ということです。

228 ☑□□□□□

prepare for 〜

〜の準備をする

prepare は「前に (pre) 並べる (pare)」→「前もって並べておく」→「準備する」です。for「〜のために」と結び付いて「〜のために (for) 準備する (prepare)」→「〜の準備をする」となります。

229 ☑□□□□□

be ready for 〜

〜の準備ができている

「〜のために (for) 準備ができている (be ready)」→「〜の準備ができている」です。後ろに名詞ではなく動詞が続く場合は "be ready to 原形" の形になります。

230 ☑□□□□□

for more information

詳しい情報は

「より多くの情報を (more information) 求めて (for)」→「詳しい情報は」となります。広告などで使われることが多いです。

231 ☑□□□□□ pay for 〜 ~の費用を払う	for は「~を求めて」から発展して「交換」の意味が生まれました（「~を求めて (for) お金を払う (pay)」は、物とお金を「交換」しているとも言えます）。「~と交換に (for) 支払う (pay)」→「~の費用を払う」です。
232 ☑□□□□□ for free 無料で	free は本来「ない」という意味で、「束縛が<u>ない</u>」→「自由な・暇な」、「お金がかから<u>ない</u>」→「無料の」という意味です。for free は「無料 (free) と交換に (for)」→「無料で」となりました。
233 ☑□□□□□ Thank you for 〜 . ~をありがとう。	for は「交換」からさらに「理由」の意味が生まれました。Thank you for 〜 . は「~と交換に (for 〜) あなたに感謝する (thank you)」で、「~を理由に感謝する」とも言えますね。そこから「~をありがとう」となりました。単に Thank you. で終えるより、for 〜 をつけたほうがずっと英語らしくなりますよ。
234 ☑□□□□□ be famous for 〜 ~で有名だ	for は「理由 (~で)」の意味です。「~を理由に (for) 有名だ (famous)」→「~で有名だ」となりました。観光地や地元を紹介するときに役立つ表現です。be known for 〜「~を理由に (for) 知られている (be known)」→「~で知られている」という同じ意味で使える表現もあります。
235 ☑□□□□□ for a long time 長い間	「方向性 (矢印のイメージ)」から「~に向かっている間は」という「期間」の意味が生まれました。「長い時間 (a long time) の間 (for)」→「長い間」です。
236 ☑□□□□□ for a while しばらくの間	while には名詞で「ちょっとの時間」という意味があります。「ちょっとの時間 (a while) の間 (for)」→「しばらくの間」となりました。
237 ☑□□□□□ for the first time はじめて	「最初の (the first time) 間は (for)」→「はじめて」と考えてください。
238 ☑□□□□□ by oneself ひとりで・自分の力で	by は本来「近接 (~のそば)」です。「自分のそばに (自分だけ)」→「ひとりで」となりました。寂しいイメージで使われることも多いです。
239 ☑□□□□□ by mistake 間違って・うっかり	by は「~の近く」→「~の近くを通って」となり、「経由 (~を通って)」の意味が生まれました。by mistake は「誤り (mistake) を経由して (by)」→「間違って・うっかり」です。
240 ☑□□□□□ little by little 少しずつ	by には応用として「単位 (~ずつ)」の意味もあります。little by little で「少しずつ」となります。この by は、ほかにも step by step「一歩ずつ」、one by one「一つずつ」などで使われています。

ZONE 1 [001 - 100]

ZONE 2 [101 - 200]

ZONE 3 [201 - 300]

ZONE 4 [301 - 400]

ZONE 5 [401 - 500]

ふろく まとめて覚える単語・表現

ZONE 3

英語表現 241-260

241 ☑□□□□□
side by side
並んで

> side を2つ並べて、「(横に)並んで」となりました。

242 ☑□□□□□
hear about 〜
〜のことを聞く

> about は本来「周辺(〜の周りに)」です。「〜(話題)の周辺で」→「〜について」となりました。「〜について(about)自然と耳に入ってくる(hear)」→「〜のことを聞く」で、うわさ話などにも使われます。

243 ☑□□□□□
be about to 原形
今にも〜しようとしている

> 「〜しようとする動作の(to)周辺に(about)いる(be)」→「(まさに今)〜するところである」ということです。

244 ☑□□□□□
be worried about 〜
〜を心配している

> worry には「心配する・心配させる」の両方の意味があります。今回は「心配させる」で、受動態 be worried about 〜の形で「〜について(about)心配させられている(be worried)」→「〜を心配している」となります。

245 ☑□□□□□
How about 〜？
〜はどうですか？

> about「〜について」は前置詞なので後ろには「名詞・動名詞(-ing)」がきます。「〜するのはどう？」と提案したり、相手に意見を求めたりするときに How about you?「君はどうなの？」と言ったりします。ちなみに What about 〜？ も同じ意味で使えます。

246 ☑□□□□□ リアル英会話
I feel you.
わかるよ。

> 相手の気持ちに寄りそうときに使う表現です。直訳は「あなたの気持ちを感じています」で、I'm nervous.「緊張するなぁ」に対して I feel you.「わかるよ(その気持ち)」のように使います。

247 ☑□□□□□ リアル英会話
dead tired
へとへとで・疲れ切って

> dead は形容詞「死んでいる」を習うことが多いですが、実は very と同じように副詞「とても」の意味で使えます(dead が形容詞 tired を強調しています)。「死ぬほど(dead)疲れて(tired)」→「へとへとで・疲れ切って」ということです。

248 ☑□□□□□ リアル英会話
So what?
だから何？

> 日本語と同様に「だから何なの？」のように使われます。英語もそのまま「だから(so)何(what)」ですね。

249 ☑□□□□□ リアル英会話
Bless you.
お大事に。・大丈夫？

> 本来は「神のご加護がありますように」という意味です(May God bless you. が短縮されて Bless you. になりました)。くしゃみをした人に対して Bless you. と声をかける習慣があります(由来には諸説ありますが、単純にくしゃみは風邪のサインかもしれないため、相手を心配していると考えるのが自然です)。言われたら、Thank you. とお礼を言います。

250 ☑□□□□□ リアル英会話
Catch you later.
また後でね。

> 別れるときのあいさつとして使えますが、次に会う予定が決まっていたり、またすぐ会う予定があるときなどに使う点で、See you. などとは異なります。ほかのクラスの友だちと、「昼休みにまた会おうね」、「放課後また一緒に帰ろうね」というようなときに使います。

251 ☑□□□□□

be made in 〜

〜で作られる・〜製である

in は「包囲（〜の中に）」で、「何かにすっぽり包まれている」イメージです。in を見たらまずは「〜の中」から考えてください。be made in 〜の in は「場所の包囲」です。「〜（場所）で作られる」→「〜製だ」となりました。"MADE IN JAPAN" でおなじみです。

252 ☑□□□□□

in one's place

人の代わりに

in は「〜の中」なので、「その人がいる場所に自分がすっぽり包まれる」イメージで、「人の場所 (one's place) の中に (in)」→「人の代わりに」と覚えてください。

253 ☑□□□□□

I'm in 〜 club.

私は〜部に所属しています。

in は「包囲」で「何かに包まれている」イメージです。in 〜 club で「〜部という組織の中にいる」→「〜部に所属している」となりました。

254 ☑□□□□□

believe in 〜

〜の存在を信じる

「〜の中まで (in) 信じる (believe)」→「(本質的に) 存在そのものを信じる」です。たとえば believe in ghosts なら「幽霊 (の存在) を信じている」となります。

255 ☑□□□□□

keep 〜 in mind

〜を心に留めておく

「心の中に (in mind) キープする (keep)」→「心に留めておく」となりました。

256 ☑□□□□□

keep in touch（with 〜）

（〜と）連絡をとる

「〜と (with 〜) 接触できる状態の中に (in touch) 保つ (keep)」→「〜と連絡をとる」となりました。「連絡がとれる範囲内にいる」イメージです。Let's keep in touch! は「(これからも) 連絡とり続けようね」です。

257 ☑□□□□□

in front of 〜

〜の前で・〜の前に

front は「前・正面」で、「(車の) フロントガラス」「(ホテルなどの) フロント」などで耳にしたことがあると思います (英語の発音は「フラント」という感じです)。「〜の (of) 前の (front) 範囲の中で (in)」→「〜の前で」です。

258 ☑□□□□□

in the morning

朝に・午前中に

「午前中」は時間の幅があるので、「午前中の時間帯にすっぽり包まれている」イメージで in が使われるんです。「午前中の時間帯の中に」→「午前中に」となりました。in the afternoon「午後に」、in the evening「夕方に」も同じ発想です (at night は 204 062 ページ)。

259 ☑□□□□□

in the future

将来・未来に

英作文の問題で「将来〜したい」、「将来〜になりたい」というときに使います。この in は「時の包囲」で、広く「将来という時間の中で」ということです。

260 ☑□□□□□

in the end

最後には・結局

「最後の (the end) 範囲の中では (in)」→「最後には・結局」となりました。

ZONE 1 [001 − 100]

ZONE 2 [101 − 200]

ZONE 3 [201 − 300]

ZONE 4 [301 − 400]

ZONE 5 [401 − 500]

ふろく まとめて覚える単語・表現

---

261 ☑☐☐☐☐☐

in return

お返しに

in は「時の包囲」です。return は名詞「お返し」の意味で、「お返し (return) の時に (in)」→「お返しに」となりました。発展として in return for ~「~に対するお返しに」という形もあります。

---

262 ☑☐☐☐☐☐

in addition

そのうえ・加えて

動詞 add「加える」の名詞形が addition で、「追加 (addition) するときは (in)」→「そのうえ・加えて」となりました。情報をつけ加えるときに使う表現です。英作文で理由や具体例を追加するときに使えます。

---

263 ☑☐☐☐☐☐

in English

英語で

「包囲 (~の中で)」の意味が発展して、in は「形式 (~という形式で)」の意味が出てきました。「空間が英語で包まれている」→「英語という形式で」→「英語で」となります。

---

264 ☑☐☐☐☐☐

in a group

グループになって・グループで

in a group は「グループ (a group) の形式で (in)」→「グループになって」ということです。

---

265 ☑☐☐☐☐☐

in this way

このように

way は「道」以外に「方法」の意味があります。前の内容を受けて「この (this) 方法 (way) の形式で (in)」→「このように (して)」となります。

---

266 ☑☐☐☐☐☐

in short

要するに・手短に言うと

in は「形式」の意味で、「短くまとめた (short) 形式で (in) 言うと」→「要するに」となりました。

---

267 ☑☐☐☐☐☐

in turn

順番に・交替で

turn は「回転」のほかに「順番」の意味があります。「回転して順番が回ってくる」と覚えてください。「順番に交替 (turn) という形式で (in)」→「順番に・交替で」となりました。ちなみにこの turn は名詞です (前置詞 in の後ろにあるので名詞とわかりますね)。

---

268 ☑☐☐☐☐☐

be interested in ～

～に興味がある

interest は「興味を持たせる」という意味で、受動態 be interested で「興味を持たされる」→「興味を持つ」となります。この in は、興味がある「分野・範囲」を表します。

---

269 ☑☐☐☐☐☐

in the wild

野生の

wild は形容詞「野生の」のイメージが強いかもしれませんが、名詞で「荒野・未開地」の意味があります。「荒野 (the wild) の範囲内で (in)」→「野生の」です。animals in the wild で「野生の動物」です。

---

270 ☑☐☐☐☐☐

in fact

実際は・実は

in は「範囲」の意味で、「事実の (fact) 範囲において (in)」→「実際は・実は」となります。読解問題で in fact が出てきたら要注意です。「実は~なんです」のように大事な内容がくることが多く、in fact 周辺の内容が設問に絡むことがとても多いんです。

---

271 ☑☐☐☐☐☐ in particular <div align="right">特に</div>	particular は part「部分」が入っていることから、「特定の (部分的な)」です。in は「範囲」を表し、in particular は「特定の範囲内で」→「特に」となります。
272 ☑☐☐☐☐☐ in one's opinion <div align="right">〜の意見としては</div>	in my opinion なら「私の意見 (my opinion) の中では (in)」→「私の意見としては」となります。自分の意見を明示するときに使います。
273 ☑☐☐☐☐☐ in conclusion <div align="right">結論として・終わりに</div>	conclude「結論を下す」の名詞形が conclusion「結論」で、「結論 (conclusion) の範囲の中では (in)」→「結論として」となります。話のまとめに入るときに使える表現です。
274 ☑☐☐☐☐☐ in case of 〜 <div align="right">〜の場合には</div>	in は「範囲」で、「〜に関する (of) 場合 (case) の範囲内では (in)」→「〜の場合には」となりました。ホテル内の案内で in case of emergency「緊急時には」が使われていることがよくあります。
275 ☑☐☐☐☐☐ in shock <div align="right">ショックを受けて</div>	in は「〜の雰囲気にすっぽり包まれて」という意味から「包囲状態 (〜の状態で)」の意味が生まれました。in shock は「ショックを受けた (shock) 状態で (in)」→「ショックを受けて」です。「ショックで包まれている」イメージです。
276 ☑☐☐☐☐☐ in trouble <div align="right">困って・悩んで</div>	be in trouble with 〜の形でよく使われます。「〜に関する (with) トラブルの中にスッポリ包まれた状態で (be in trouble)」→「〜のことで困っている」です。ちなみにこの with は「関連 (〜について)」の意味です。
277 ☑☐☐☐☐☐ in need <div align="right">困って・悩んで</div>	need には名詞で「(必要なほど) 困った状態」という意味があります。「困った状態 (need) に包まれて (in)」→「困って・悩んで」です。ちなみに、単純に「(助けが) 必要な状態で」→「困って・悩んで」と考えるのもアリです。
278 ☑☐☐☐☐☐ in danger of 〜 <div align="right">〜の危険があって</div>	「〜の (of) 危険 (danger) にすっぽり包まれて (in)」→「〜の危険があって」となりました。
279 ☑☐☐☐☐☐ in poor health <div align="right">体の調子が悪い</div>	「すぐれない (poor) 健康 (health) に包まれた状態で (in)」→「健康状態が悪い状態で」→「調子が悪い」となりました。
280 ☑☐☐☐☐☐ try on 〜 <div align="right">〜を試着する</div>	on の核心は「接触 (くっついて)」で、「試しに (try) 衣服に接触する (on)」→「試着する」となりました。try 〜 on の語順になるときもあります。海外で買い物をするときに使える表現です。

ZONE 1 [001 − 100]

ZONE 2 [101 − 200]

ZONE 3 [201 − 300]

ZONE 4 [301 − 400]

ZONE 5 [401 − 500]

ふろく まとめて覚える単語・表現

281 ☑□□□□□ **put on ～** ～を着る・～を身につける	「(服などを) 体に接触する (on) ように置く (put)」→「～を身につける」です。帽子やメガネなど衣服以外にも使える表現です。
282 ☑□□□□□ **get on ～** (電車やバス) に乗る	get には「移動する」という意味があります (get to ～は「～へ着く」)。「(乗り物に) 移動して (get) 接触する (on)」→「(乗り物に) 乗る」です。反対の意味の get off ～「～を降りる」もセットで覚えてください。
283 ☑□□□□□ **turn on ～** (水道・ガス・明かりなど) をつける	昔はつまみを回して (turn) スイッチを入れたり切ったりしていました。on は「接触」、電気回路がつながるイメージです。
284 ☑□□□□□ **on one's right[left]** ～の右側[左側] に	道案内で You can see it on your right. 「あなたの右側に見えますよ」のように使います。「あなたの (your) 右側 (right) にくっついて (on)」→「あなたの右側にある」ということです。
285 ☑□□□□□ **on the side of ～** ～の味方で	「～の (of) 側に (the side) くっついて (on)」→「～の味方で」となりました。
286 ☑□□□□□ **on time** 時間どおりに	「(予定の) 時間 (time) にピッタリくっついて (on)」→「時間どおりに」です。
287 ☑□□□□□ **hold on** (電話を切らないで) 待つ・そのままにしている	hold は「その状態をホールド・持続する (hold)」です。on は「ずっと接触している状態」→「継続」の意味で、そこから「電話を切らずに待つ」となりました。日常会話では、電話以外にも Hold on. 「ちょっと待って」の意味でよく使います。
288 ☑□□□□□ **go on –ing** ～し続ける	on は「動作の接触」→「進行中 (～が進行中で)」を表します。後ろに -ing 形を置き、「～し続ける」という意味になります。
289 ☑□□□□□ **on one's[the] way to ～** ～へ行く途中で	on は「動作の接触」→「進行中」で、「～への道 (way to ～) を進行中 (on)」→「～へ行く途中で」となりました。on one's way home「帰宅する途中で」という使い方が特に重要です (この home は副詞「家へ」なので前置詞 to は不要です)。
290 ☑□□□□□ **be based on ～** ～に基づいている	on は「接触」で「おんぶにだっこでべったりくっついている」イメージから「依存 (～を頼って)」の意味が生まれました。base A on B「A を B に基づかせる」は「A が B に頼っている」で、それを受動態にしたのが be based on ～「～に基づいている」です。

DAY

1セット目 2セット目 3セット目 4セット目 5セット目 6セット目
／ ／ ／ ／ ／ ／

DOWNLOAD

ZONE 3−5
281-300

291 ☑☐☐☐☐☐

on TV

テレビで

on は「依存」で、「テレビ放送 (TV) に依存して (on)」→「テレビで」となりました。

---

292 ☑☐☐☐☐☐

on the Internet

インターネットで

「インターネット (the Internet) という媒体に依存して (on)」→「インターネットで」です。「インターネットにくっついている (on)」イメージで覚えるのもアリです。

---

293 ☑☐☐☐☐☐

on foot

徒歩で

乗り物を使った交通手段は by car「車で」や by train「電車で」のように「手段」を表す by を使いますが、「徒歩で」というときは「依存 (〜を頼って)」の on を使い、on foot「足 (foot) を頼って (on)」→「徒歩で」を使います。「自分の足に頼る」わけです。

---

294 ☑☐☐☐☐☐

depend on 〜

〜次第だ・〜による

depend は「頼る」という意味で、on「依存 (〜に頼って)」と相性もバッチリです。「〜に依存する」ということは「〜次第だ・〜による」とも言えますね。

---

295 ☑☐☐☐☐☐

pass through 〜

〜を通り抜ける

pass は動詞で「通り過ぎる」、through は「〜を通って」という前置詞で「最初から最後まで突き抜けていく」イメージです。サッカーの「スルーパス」は「相手の間を通り抜けて味方に渡るパス」のことです。

---

296 ☑☐☐☐☐☐　リアル英会話

Take it easy.

気楽にいこう。

直訳は「それ (it) を気楽に (easy) 受けとって (take)」で、そこから「気楽にね」となりました。別れぎわに「またね」くらいの意味でも使えます。「次に会うときまで気楽に過ごしてね」といったイメージです。

---

297 ☑☐☐☐☐☐　リアル英会話

No offense, but 〜 .

悪気はないんだけど〜。

スポーツでは「攻撃」のことを「オフェンス (offense)」と言いますが、英語の offense には「(相手の) 気持ちを害すること」という意味があり、このように使われます。

---

298 ☑☐☐☐☐☐　リアル英会話

It's on the tip of my tongue.

あとちょっとで思い出せそう。

「私の (my) 舌 (tongue) の (of) 先っちょ (the tip) の上に (on) ある (be)」→「(言葉が) 舌の先にある」→「あとちょっとで言葉として出てきそう」→「あとちょっとで思い出せそう」です。会話でとても便利な表現ですよ。

---

299 ☑☐☐☐☐☐　リアル英会話

have a 〜 time

〜な時を過ごす

この have は「その時間を持っている」→「(時間を) 過ごす」という意味で使われます。have a good time「楽しく過ごす」、have a wonderful time「すばらしい時を過ごす」のように使います。

---

300 ☑☐☐☐☐☐　リアル英会話

ring a bell

どこかで聞いたことがある・聞き覚えがある

会話で「ああ、それ聞いたことある！」と言ったときに使います。たとえば Do you know Marcy Smith? —That name rings a bell.「Marcy Smith って知ってる？ —その名前聞いたことあるよ」という感じです。遠くでかすかにベルが鳴っているようなイメージです。

ZONE 1 [001 - 100]

ZONE 2 [101 - 200]

ZONE 3 [201 - 300]

ZONE 4 [301 - 400]

ZONE 5 [401 - 500]

ふろく まとめて覚える単語・表現

問題

次の英語の意味をそれぞれ❶〜❻から選びなさい。

01
(1) for the first time　　(2) be surprised at 〜　　(3) be about to 原形
(4) at a loss　　　　　　(5) So what?　　　　　　(6) at any time

> ❶ 〜に驚く ／ ❷ 困って・途方に暮れて ／ ❸ 今にも〜しようとしている
> ❹ だから何？ ／ ❺ はじめて ／ ❻ いつでも

02
(1) point at 〜　　　　(2) be famous for 〜　　(3) Bless you.
(4) stay at[in] 場所　　(5) at a low price　　　(6) search 場所 for 物

> ❶ お大事に。・大丈夫？ ／ ❷ 〜に滞在する・〜に泊まる ／ ❸ 〜で有名だ
> ❹ 低価格で ／ ❺ 物を求めて場所をさがす ／ ❻ 〜を指す

03
(1) at war　　　(2) at once　　　(3) at work
(4) fight for 〜　(5) side by side　(6) prepare for 〜

> ❶ 〜のために戦う ／ ❷ 並んで ／ ❸ 戦争中で
> ❹ 仕事にでかけていて・仕事中で ／ ❺ 〜に備えて準備する ／ ❻ すぐに

04
(1) knock at 〜　(2) hear about 〜　(3) by mistake
(4) at school　　(5) care for 〜　　(6) arrive at[in] 場所

> ❶ 〜に到着する ／ ❷ 〜をノックする ／ ❸ 授業中に ／ ❹ 〜の世話をする
> ❺ 〜のことを聞く ／ ❻ 間違って・うっかり

05
(1) at least　　　　　　(2) by oneself　　　　(3) at home
(4) be worried about 〜　(5) be good at 〜　　(6) Catch you later.

> ❶ 家で・くつろいで ／ ❷ 少なくとも ／ ❸ 〜が得意だ ／ ❹ ひとりで・自分の力で
> ❺ 〜を心配する ／ ❻ また後でね。

解答

01	(1) ❺	(2) ❶	(3) ❸	(4) ❷	(5) ❹	(6) ❻
02	(1) ❻	(2) ❸	(3) ❶	(4) ❷	(5) ❹	(6) ❺
03	(1) ❸	(2) ❻	(3) ❹	(4) ❶	(5) ❷	(6) ❺
04	(1) ❷	(2) ❺	(3) ❻	(4) ❸	(5) ❹	(6) ❶
05	(1) ❷	(2) ❹	(3) ❶	(4) ❺	(5) ❸	(6) ❻

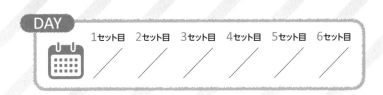

ZONE 1 [001 ～ 100]

ZONE 2 [101 ～ 200]

ZONE 3 [201 ～ 300]

ZONE 4 [301 ～ 400]

ZONE 5 [401 ～ 500]

まとめて覚える単語・表現

06
(1) ring a bell (2) on the side of ～ (3) in need
(4) believe in ～ (5) in the future (6) in turn

❶ 必要で・困って ／ ❷ 将来・未来に ／ ❸ ～の存在を信じる ／ ❹ ～の味方で
❺ 順番に・交替で ／ ❻ どこかで聞いたことがある・聞き覚えがある

07
(1) in poor health (2) I'm in ～ club. (3) get on ～
(4) in the wild (5) in conclusion (6) pass through ～

❶ 野生の ／ ❷ 体の調子が悪い ／ ❸ ～を通り抜ける ／ ❹ (電車やバス) に乗る
❺ 結論として・終わりに ／ ❻ 私は～部に所属しています。

08
(1) in danger of ～ (2) in a group (3) in particular
(4) It's on the tip of my tongue. (5) in shock (6) on one's [the] way to ～

❶ グループになって・グループで ／ ❷ ～の危険があって ／ ❸ ～へ行く途中で
❹ ショックを受けて ／ ❺ あとちょっとで思い出せそう。 ／ ❻ 特に

09
(1) on the Internet (2) hold on (3) depend on ～
(4) Take it easy. (5) in one's place (6) keep in touch (with ～)

❶ インターネットで ／ ❷ ～次第だ・～による ／ ❸ 気楽にいこう。
❹ (～と) 連絡をとる ／ ❺ 囚の代わりに ／ ❻ (電話を切らないで) 待つ・そのままにしている

10
(1) in this way (2) in return (3) on one's right[left]
(4) go on –ing (5) keep ～ in mind (6) be based on ～

❶ ～を心に留めておく ／ ❷ ～の右側[左側] に ／ ❸ このように ／ ❹ ～し続ける
❺ お返しに ／ ❻ ～に基づいている

06	(1) ❻	(2) ❹	(3) ❶	(4) ❸	(5) ❷	(6) ❺
07	(1) ❷	(2) ❻	(3) ❹	(4) ❶	(5) ❺	(6) ❸
08	(1) ❷	(2) ❶	(3) ❻	(4) ❺	(5) ❹	(6) ❸
09	(1) ❶	(2) ❻	(3) ❷	(4) ❸	(5) ❺	(6) ❹
10	(1) ❸	(2) ❺	(3) ❷	(4) ❹	(5) ❶	(6) ❻

問題

英文の正しい日本語訳になるように、空所を埋めなさい。

（1） I'll call him at noon.
私は（　　　　　）彼に電話します。

（2） My girlfriend called me at night.
彼女が（　　　　　）、私に電話をしてきました。

（3） We started speaking at the same time.
私たちは（　　　　　）話し始めた。

（4） At that time, I had no idea I would marry her.
（　　　　　）、彼女と結婚するなんて思ってもいなかった。

（5） She started working at the age of 16.
彼女は（　　　　　）働き始めました。

（6） At last, I found my dog.
（　　　　　）私は飼いイヌを見つけました。

（7） The train left for Tokyo.
電車は東京（　　　　　）。

解答

（1） 正午に

（2） 夜に

（3） 同時に

（4） そのときは・その当時は

（5） 16歳のときに

（6） ついに・とうとう

（7） に向けて出発しました

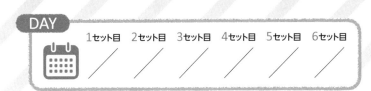

ZONE 1 [001 – 100]

ZONE 2 [101 – 200]

ZONE 3 [201 – 300]

ZONE 4 [301 – 400]

ZONE 5 [401 – 500]

ふろく まとめて覚える単語・表現

（ 8 ） I'll talk to you later! I'm late for work!

後で話そう！　仕事に（　　　　　）！

（ 9 ） I'm still waiting for my pancake.

私はまだパンケーキを（　　　　　）。

（10） Are you ready for the test tomorrow?

明日のテストの（　　　　　）？

（11） For more information, please check our website.

（　　　　　）ウェブサイトをご確認ください。

（12） My brother paid for my lunch.

兄がお昼の代金を（　　　　　）。

（13） Children can go in this museum for free.

子どもは（　　　　　）この博物館に入れます。

（14） Thank you for calling. How can I help you?

（　　　　　）。ご用件は何でしょうか？

（ 8 ） 遅れます・遅れちゃう

（ 9 ） 待っています

（10） 準備はできていますか

（11） 詳しい情報は

（12） 払ってくれました

（13） 無料で

（14） お電話ありがとうございます

問 題

(15) I haven't seen my parents for a long time.
両親に（　　　　　）会っていない。

(16) Are you going to stay in Tokyo for a while?
あなたは（　　　　　）東京にいるの？

(17) I got used to the new town, little by little.
私は（　　　　　）新しい町に慣れてきた。

(18) How about the blue one? I think it looks good on you.
青いのは（　　　　　）？　お似合いですよ。

(19) I was very sad when the main character died. ― I feel you.
主人公が死んだとき、すごく悲しかった。―（　　　　　）。

(20) I was dead tired last Friday.
私は、先週の金曜日は（　　　　　）。

(21) This doll was made in France.
この人形は（　　　　　）です。

解 答

(15) 長い間	(20) へとへとでした
(16) しばらくの間	(21) フランス製
(17) 少しずつ	
(18) どうですか	
(19) わかるよ	

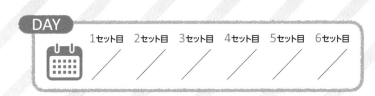

(22) I'm going to sing in front of 500 people tonight.
今晩、500人（　　　　　）歌います。

(23) I usually go to the supermarket in the morning.
私はたいてい（　　　　　）スーパーへ行きます。

(24) In the end, we decided to go home.
（　　　　　）、私たちは家に帰ることにした。

(25) This town is beautiful. In addition, the people are nice.
この町は美しいです。（　　　　　）、人々が優しいです。

(26) Can you say it in English?
（　　　　　）言ってもらえますか？

(27) In short, I think rabbits are cute.
（　　　　　）、ウサギってかわいいと私は思う。

(28) Are you interested in science?
あなたは科学に（　　　　　）？

---

(22) の前で
(23) 午前中（に）・朝に
(24) 結局
(25) そのうえ・加えて
(26) 英語で

(27) 要するに
(28) 興味がありますか

ZONE 1 [001 ～ 100]

ZONE 2 [101 ～ 200]

ZONE 3 [201 ～ 300]

ZONE 4 [301 ～ 400]

ZONE 5 [401 ～ 500]

ふろく まとめて覚える単語・表現

問 題

(29) In fact, it is the largest animal in the world.
（　　　　　）、それは世界で一番大きい動物です。

(30) We are not doing anything in particular.
私たちは（　　　　　）何もしていません。

(31) Please press the button in case of emergency.
（　　　　　）ボタンを押してください。

(32) My friend is in trouble.
私の友だちが（　　　　　）います。

(33) Would you like to try it on?
あなたは（　　　　　）か？

(34) Let me put on my glasses.
メガネを（　　　　　）ください

(35) I sat on the sofa and turned on the TV.
私はソファに座ってテレビを（　　　　　）。

解 答

(29) 実は・実際は
(30) 特に
(31) 緊急の場合には
(32) 困って・悩んで
(33) 試着したいです・ご試着なさいます
(34) かけさせて
(35) つけました

ZONE 1 [001 – 100]

ZONE 2 [101 – 200]

ZONE 3 [201 – 300]

ZONE 4 [301 – 400]

ZONE 5 [401 – 500]

ふろく まとめて覚える単語・表現

(36)　We arrived just on time.

　　　私たちは（　　　　　　）到着した。

---

(37)　I saw you on TV yesterday!

　　　昨日あなたを（　　　　　　）見たよ！

---

(38)　She traveled around Japan on foot.

　　　彼女は日本中を（　　　　　　）旅行した。

---

(39)　No offense, but your handwriting is messy.

　　　（　　　　　　）、あなた字が汚いね。

---

(40)　I had a great time at my friend's birthday party yesterday.

　　　昨日の友だちの誕生日パーティーで、（　　　　　　）ました。

---

(36) 時間どおりに

(37) テレビで

(38) 徒歩で

(39) 悪気はないんだけど

(40) 楽しい [すばらしい] 時間を過ごし

起爆剤になりうる

単語・熟語の学習はいつも精神論ばかりが言われません
か。単語・熟語そのものの解説は一切なされず、学習者は
まるで真っ暗闇のなかを彷徨うかのごとく、半ベソかきな
がら暗記をしては忘れ…の繰り返しになってしまいませ
んか。

多くの人が「覚えられない」という原因、もっと言えば
「英語が苦手な原因」の1つは、英単語・熟語の習得方法
を知らない・教わらないからだと思います。ぜひこの本で
英語学習に弾みをつけていってください。ここで勢いをつ
けることで、本書がみなさんの英語学習の起爆剤になるか
もしれません。そんな日が楽しみです。

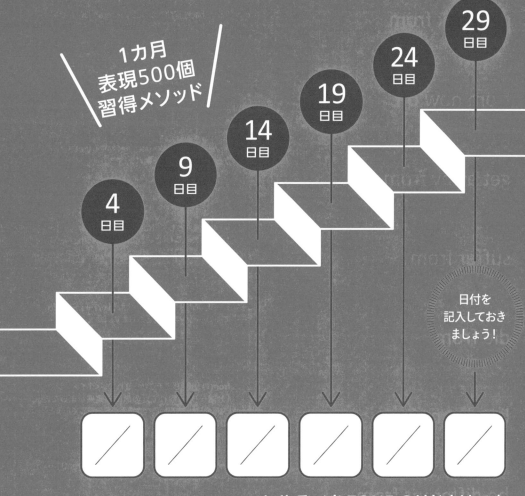

ZONE 4

英語表現 301−400

［前置詞中心の熟語②］

1カ月
表現500個
習得メソッド

29
日目

24
日目

19
日目

14
日目

9
日目

4
日目

日付を
記入しておき
ましょう！

にやるべき ZONE のはじまりです

301 ☑□□□□□

from A to B
AからBまで

from は「出発点」、to は「方向・到達」の意味です。この2つはセットでおさえてください。「A を出発して B にキッチリ到達する」イメージです。

302 ☑□□□□□

be from ～
～出身である・～産である

「～を出発点として (from) 存在している (be)」→「(人が) ～出身である・(物が) ～産である」となりました。自己紹介のときによく使う表現です。

303 ☑□□□□□

hear from ～
～から連絡がある

hear は「聞こえる」です。「(情報が) ～を出発点として (from) 聞こえる (hear)」→「～から連絡がある」となりました。昔は「便りがある」と訳されていましたが、今では決して「手紙」である必要はなく、メールなどで「連絡がある」ときにも使えます。

304 ☑□□□□□

get back from ～
～から戻る

get には「移動する」の意味があります (get to ～「～へ移動する」→「～へ着く」)。「～を出発点として (from) 後ろへ (back) 移動する (get)」→「～から戻る」です。

305 ☑□□□□□

from now on
これからは

「今を出発点として (from now) 進行している (on)」→「これからは」となります。

306 ☑□□□□□

get away from ～
～から逃げ出す・～から離れる

「～から (from) 遠くへ (away) 移動する (get)」→「～から逃げ出す・～から離れる」です。

307 ☑□□□□□

suffer from ～
～で苦しむ

「～を出発点として (from) 苦しむ (suffer)」→「～ (が原因) で苦しむ」ということです。from は「出発点」から「原因」の意味に発展しました。

308 ☑□□□□□

die from ～
～で死ぬ

「～を出発点として (from) 死ぬ (die)」→「～が原因で死ぬ」→「～で死ぬ」となります。

309 ☑□□□□□

be absent from ～
～を休んでいる

from は「出発してそこから離れていく」イメージで「分離 (～から離れて)」の意味に発展しました。absent「欠席の」は、本来いるべき場所から分離しているということです。

310 ☑□□□□□

be different from ～
～と異なる

「～から離れて (from) 異なっている (different)」→「～と異なる」です。

DAY

1セット目 2セット目 3セット目 4セット目 5セット目 6セット目

／ ／ ／ ／ ／ ／

DOWNLOAD

ZONE 4-1

301-320

311 ☑□□□□□

graduate from ～

～を卒業する

from は「分離（～から離れて）」で、「卒業して (graduate) 学校から離れる (from)」→「～を卒業する」というわけです。

312 ☑□□□□□

free from ～

～がない

free は本来「ない」という意味です（「束縛がない」→「自由な・暇な」、「お金がかからない」→「無料の」）。from は「分離（～から離れて）」の意味なので、free「ない」との相性も◎です。

313 ☑□□□□□

be far from ～

決して～ではない・～から遠くにいる

from は「分離」で、「～から離れて (from) 遠くに (far) いる (be)」で、これがたとえのように使われて「決して～ではない」となります。It is far from perfect. は「完璧 (perfect) から遠くのところにいる」→「完璧にはほど遠い」です。

314 ☑□□□□□

protect ～ from ...

～を…から守る

「プロテクター」は、スポーツ選手が「体を保護するために身につける防具」のことで、そこから動詞 protect「保護する」をおさえてください。from は「分離」を意味し、「～から分離させて (from) 守る (protect)」→「～を…から守る」となります。

315 ☑□□□□□

talk to 人

人に話しかける

to は「方向・到達」で、「相手に到達するように (to) 話す (talk)」→「人に話しかける」となります。speak to 人も「人に話しかける」という意味です。

316 ☑□□□□□

say to oneself

心の中で言う・独りごとを言う

直訳「自分自身 (oneself) に向かって (to) 言う (say)」→「心の中で思う・独りごとを言う」となります。

317 ☑□□□□□

say hello to 人

人によろしく伝える

直訳「人に向かって (to) こんにちは (hello) と言う (say)」→「人によろしく言う」となりました。日本語では会ったことがない人に対しても、「〇〇さんによろしく」のように言いますが、英語では、基本的に会ったことがある人にしか say hello to 人を使うことができません。

318 ☑□□□□□

move to ～

～に引っ越す

「～へ (to) 動く (move)」→「～へ引っ越す」です。英検のリスニング問題では「引っ越し」の話がよく出てくるので、move to ～がよく使われます。

319 ☑□□□□□

write to 人

人へ手紙を書く

write a letter to 人「人に向かって (to 人) 手紙を (a letter) 書く (write)」から、a letter が省略されて使われるようになりました。

320 ☑□□□□□

be known to ～

～に知られている

to は「方向・到達」の意味で、「～まで (to) 知られている (be known)」です。たとえば He is known to everyone in our school. なら「彼は私たちの学校のみんなに知られている」です。「彼のことが学校のみんな1人ひとりにまで知れ渡っている」イメージです。

ZONE 1 [001 - 100]

ZONE 2 [101 - 200]

ZONE 3 [201 - 300]

ZONE 4 [301 - 400]

ZONE 5 [401 - 500]

ふろく まとめて覚える単語・表現

321 ☑□□□□□

introduce A to B

AをBに紹介する・AをBに導入する

> 「Bに向かって (to B) Aを紹介する (introduce A)」ということです。

322 ☑□□□□□

invite A to B

AをBに招待する

> 名詞 invitation「招待」は「インビテーションカード (招待状)」で使われます。その動詞が invite で、「Bに (to B) Aを招待する (invite A)」です。

323 ☑□□□□□

pay attention to 〜

〜に注意を払う

> 日本語でも「注意を払う」と言いますが、英語でも pay「払う」を使います。to は「方向」なので「〜に向かって (to 〜) 注意を (attention) 払う (pay)」ということです。

324 ☑□□□□□

listen to 〜

〜を聞く

> listen は「注意して聞く・耳を傾ける」という意味で hear「(自然と) 聞こえる」と区別してください。「しっかり音のする方向に耳を向けて (to) 注意して聞く (listen)」イメージです。

325 ☑□□□□□

thanks to 〜

〜のおかげで

> 「〜に向かって (to) 感謝して (thanks)」→「〜のおかげで」です。感謝の気持ちが向かう先を to で表しているわけです。thanks to で1つの前置詞と考えるのがポイントです。

326 ☑□□□□□

belong to 〜

〜に所属する

> to は「方向」から「(目的に) 到達」、さらに「(到達してピッタリ) 一致」の意味になりました。「組織にピッタリくっついている」イメージで「〜に所属する」と覚えてください。"物 belong to 人" で「物は人に所属する」→「物を人が所有する」となります。

327 ☑□□□□□

next to 〜

〜のとなりに・〜のとなりで

> to は「方向・到達」から「(到達してピッタリ) 一致」の意味に発展しました。「次に (next) ピッタリ一致するように (to)」→「〜のとなりに」となります。

328 ☑□□□□□

close to 〜

〜の近くに

> to は「方向」で、close は「近い」です。「〜に向かって (to) 近くに (close)」→「〜の近くに」と考えてください。

329 ☑□□□□□

talk with 人

人と話す

> 「人と一緒に (with) 話す (talk)」→「人と話す」です。ちなみに talk は「ぺちゃくちゃおしゃべりする」イメージの単語です。

330 ☑□□□□□

stay with 人

人のところに泊まる

> 「人のところに泊まる」と言うとき、英語では「〜と一緒に (with) 泊まる (stay)」と考えるんです。

DAY

	1セット目	2セット目	3セット目	4セット目	5セット目	6セット目
	/	/	/	/	/	/

DOWNLOAD

ZONE 4－2
321-340

331 ☑□□□□□ **begin with ～** ～で始まる	「～と一緒に (with) 始まる (begin)」→「～で始まる」です。start with ～も同じ考え方、同じ意味です。
332 ☑□□□□□ **get along with ～** ～と仲よくやっていく	「人と一緒に (with) 寄り沿って (along) 進む (get)」→「仲よくやっていく」となります (get には「移動する」という意味があるんでしたね)。強調の well をはさんで、get along well with ～「～ととても仲よくする」の形で使われることもあります。
333 ☑□□□□□ **shake hands with ～** ～と握手する	shake は「振る」で、「～と一緒に (with) お互いの手を (hands) 振るように握手する (shake)」→「～と握手する」です。握手をするときは、自分の手と相手の手が必要なので、hands と複数形で使います。ちなみに shake は shake-shook-shaken と活用します。
334 ☑□□□□□ **become friends with ～** ～と友だちになる	「～と一緒に (with) 友だち (friends) になる (become)」ということです。友だちになるには、自分と相手の 2 人が必要ですから、friends と必ず複数形になります。make friends with ～も同じ意味です。
335 ☑□□□□□ **compare A with B** AをBと比較する	compare は「一緒に (com) 置く (pare)」→「一緒に置いて並べる」という意味です。「B と一緒に (with B) A を並べて置く (compare A)」→「A を B と比較する」となりました。
336 ☑□□□□□ **with a smile** にっこり笑って・ほほえみながら	with は「付帯 (～と一緒に)」で、直訳「スマイル (a smile) と一緒に (with)」→「にっこり笑って・ほほえみながら」です。
337 ☑□□□□□ **be covered with ～** ～で覆われている	with は「～と一緒に」→「～を持って・～を使って」と「道具」の意味が生まれました (write with a pen は「ペンと一緒に」→「ペンを持って・ペンを使って」)。cover「覆う」を受動態にして使った be covered with ～の with も「道具 (～を使って)」です。
338 ☑□□□□□ **be filled with ～** ～でいっぱいだ	動詞 fill はもともと fill A with B「A を B で満たす」の形で、受動態にした A is filled with B「A は B で満たされている」の形でよく使われます。
339 ☑□□□□□ **be popular with ～** ～に人気がある	with は本来「対立」の意味があり、そこから「相手 (～を相手に)」という意味が生まれました。「～に対して (with) 人気がある (be popular)」→「～に人気がある」ということです。
340 ☑□□□□□ **be busy with ～** ～で忙しい	with には「相手 (～を相手に)」の意味があり、「～を相手に」から「～について」という「関連」の意味が生まれました。「～に関して (with) 忙しい (busy)」→「～で忙しい」となりました。

ZONE 1 [001 - 100]

ZONE 2 [101 - 200]

ZONE 3 [201 - 300]

ZONE 4 [301 - 400]

ZONE 5 [401 - 500]

ふろく まとめて覚える単語・表現

---

341 ☑□□□□□

agree with 〜

~に賛成する

with は「関連（~に関して）」で、agree with ~「~に賛成する」です。

---

342 ☑□□□□□

help ［人］ with 〜

［人］の~を手伝う

help his homework は×です。help の直後には「助ける相手」がきます。何に関して手伝うかは with の後に置きます。つまり help him with his homework「彼の宿題を手伝う」とするわけです。

---

343 ☑□□□□□

What's wrong（with 〜）?

（~は）どうしたのですか?

「~に関して（with）何が（what）悪い（wrong）の?」→「~はどうしたの?」となりまた。

---

344 ☑□□□□□

What's the matter with 〜?

~はどうしたのですか?

matter は「問題」という意味です。What's the matter? は「何が問題ですか?」→「どうしたの?」となります。問題を聞き出して助けてあげようというニュアンスで使われます。さらに「関連（~に関して）」の with ~ を加えた What's the matter with ~? で「~についてはどうしたの?」となります。

---

345 ☑□□□□□

under the law

法の下で

under は「（上から覆われて）下にある」というイメージで、「法律（the law）に覆われてその下で（under）」→「法の下で」となりました。

---

346 ☑□□□□□ 症状を訴える

have a headache

頭痛がする

headache の ache は「痛み」という意味で「エイク」と発音します。また、症状を伝えるときに英語では have がよく使われます。「頭痛（headache）を持っている（have）」→「頭痛がする」です。

---

347 ☑□□□□□ 症状を訴える

have a stomachache

腹痛がする・胃が痛い

stomach は「お腹・胃」（発音は「スタマク」）です。stomachache「腹痛」、headache「頭痛」以外にも toothache「歯痛」などもあり、どれも have と一緒に使います。

---

348 ☑□□□□□ 症状を訴える

have a fever

熱がある

日本語では「熱狂」という意味で「フィーバー（fever）」を使うことが多いですが、「発熱」の意味でもよく使われます。「発熱の症状（a fever）を持っている（have）」→「熱がある」ということです。

---

349 ☑□□□□□ 症状を訴える

catch a cold

風邪をひく

cold には名詞で「風邪」の意味があります。「風邪（のウイルス）を（a cold）捕まえる（catch）」→「風邪をひく」となりました。have a cold なら「風邪を持っている」→「風邪をひいている」となります。

---

350 ☑□□□□□ 症状を訴える

come down with the flu

インフルエンザにかかる

「インフルエンザウイルスが（flu）体内に降りて（down）くる（come）」イメージで「インフルエンザにかかる」と覚えてください。ちなみに flu は influenza を短縮した語で、実際には言いやすい flu がよく使われます（flu は「流れ」という意味があるのでインフルエンザは「体の中にウイルスが流れて入ったもの」と考える説もあります）。

DAY

	1セット目	2セット目	3セット目	4セット目	5セット目	6セット目
	/	/	/	/	/	/

DOWNLOAD

ZONE 4－3
341-360

#	見出し	解説
351	☑□□□□□ **out of ～** ～から(外へ)	of は本来「分離 (～を離れて)」の意味でした。直訳「～を離れて (of) 外へ (out)」→「～から (外へ)」ということです。out of order「命令の外へ」→「(機械が) 命令をきかない」→「故障中で」、out of stock「在庫の外へ」→「在庫切れ」などの表現があります。
352	☑□□□□□ **run out of ～** ～を使い果たす	「本来あるべき状態から外へ (out of) 走り出る・流れ出す (run)」→「～を使い果たす」となりました。この of は「分離」の意味で、「あるべき状態から<u>離れる</u>」イメージです。
353	☑□□□□□ **die of ～** (病気など) で死ぬ	of には「分離」の意味があり、「分離するということはそこを起点として」ということで「起源」の意味に派生しました。die of は「～を起源 (原因) として死ぬ」という意味で、die of の後ろには「死因」がきて、たとえば die of cancer「ガンで死ぬ」のように使います。
354	☑□□□□□ **be full of ～** ～でいっぱいだ	full は「満タン」のイメージで、of は「材料 (～で)」を表します (127 044 ページ be made of ～「～でできている」の of と同じです)。場所などが「いっぱいであふれている」というイメージの熟語です。
355	☑□□□□□ **think of ～** ～のことを考える・～を思いつく	of は「所有 (A of B で「B の A」)」のイメージから「頭の中で<u>所有</u>」→「～が頭の中にある」→「～について」という「関連」の意味になりました。「～について (of) 考える (think)」→「～のことを考える・～を思いつく」です。
356	☑□□□□□ **hear of ～** ～を耳にする	hear は「(自然と) 耳に入る」という感じです。of は「関連 (～について)」で、「～について (of) 自然と耳に入ってくる (hear)」→「～を耳にする・うわさに聞く」となりました。
357	☑□□□□□ **be afraid of ～** ～を恐れる・～が怖い	of は「関連 (～について)」で、「～について (of) 怖い (be afraid)」→「～を恐れる・～が怖い」です。be afraid of ～のほか、be afraid that sv のように that 節もとります。「sv するのではないかと恐れる」という意味です。
358	☑□□□□□ **be careful of ～** ～に気をつける	careful は「注意が (care) いっぱい (ful)」→「注意深い」です。「～について (of) 注意深い (careful)」→「～に気をつける」となりました。
359	☑□□□□□ **be tired of –ing** ～に飽きている・～にうんざりする	動詞 tire は「疲れさせる」で、過去分詞 tired を使って「～について (of ～) 疲れさせられている (be tired)」→「～に飽きている」となりました。
360	☑□□□□□ **be proud of ～** ～を誇りに思っている	pride「誇り」の形容詞が proud「誇りに思って」です (発音は「<u>プ</u>ラウド」)。「～について (of ～) 誇りに思っている (be proud)」ということです。

ZONE 1 [001 - 100]

ZONE 2 [101 - 200]

ZONE 3 [201 - 300]

ZONE 4 [301 - 400]

ZONE 5 [401 - 500]

ふろく まとめて覚える単語・表現

361 ☑□□□□□ **one of ～** 〜の1人・〜の1つ	😊 of には「所有」の意味から「(所有している物の) 一部分」を表す「部分」の意味があります。one of 〜は「〜の中の (of 〜) 1つ (one)」ということです。
362 ☑□□□□□ **all of ～** 〜のすべて・〜の全員	😊 all は「物」も「人」も受けることができます。one of 〜「〜のひとつ」の one が all「すべて・全員」になったのが all of 〜と考えてください。
363 ☑□□□□□ **some of ～** 〜のうちのいくつか・〜の何人か	😊 some は漠然と少数の人や物が存在するときに使います。of は「部分」で「(全体の中の) いくつか・何人か」という意味です。
364 ☑□□□□□ **most of ～** 〜の大部分	😊 some が漠然と少数を表すのに対し、most は漠然と大半の物や人を表します。of は one of 〜や some of 〜と同じように「部分」です。
365 ☑□□□□□ **a member of ～** 〜の一員	😊 of は「部分」で、「〜の中の (of 〜) メンバーの1人 (a member)」→「〜の一員」となりました。
366 ☑□□□□□ **both of ～** 〜の両方とも	😊 both は both A and B「AとBの両方」の使い方が有名ですが、代名詞として both of 〜「〜の両方とも」という使い方も大事です。both of us で「私たち2人とも」です。
367 ☑□□□□□ **a lot of ～** たくさんの〜	😊 many は「数えられる名詞」に、much は「数えられない名詞」について「たくさんの〜」の意味ですが、a lot of 〜はどちらにも使えます。
368 ☑□□□□□ **lots of ～** たくさんの〜	😊 a lot of 〜の a lot を複数形にしたのが lots of 〜ですが、意味・使い方ともに a lot of 〜と同じです。
369 ☑□□□□□ **hundreds of ～** 何百もの〜・たくさんの〜	😊 hundred は「100」で、この hundred が複数形になっているので「何百もの〜」、さらに漠然と「たくさんの〜」という意味で使われるようになりました。
370 ☑□□□□□ **thousands of ～** 何千もの〜・たくさんの〜	😊 thousand は「1,000」です。thousands of 〜「何千もの〜・たくさんの〜」となりました。

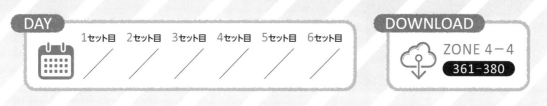

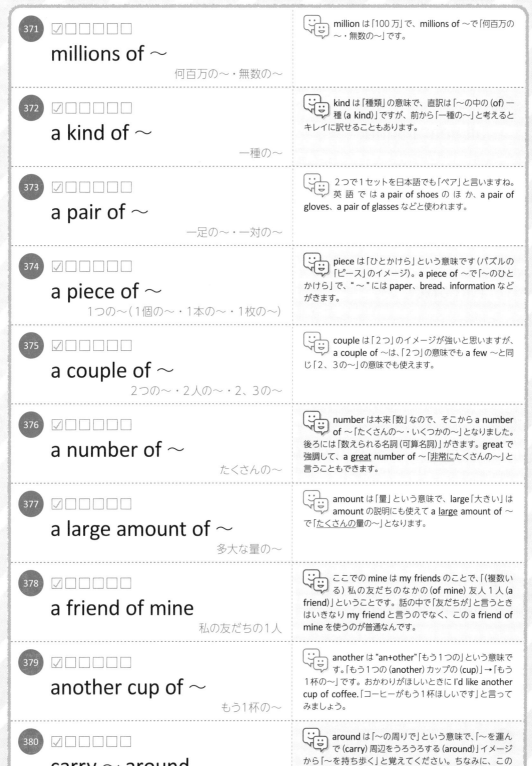

371 ☑□□□□□
millions of 〜
何百万の〜・無数の〜

million は「100万」で、millions of 〜で「何百万の〜・無数の〜」です。

372 ☑□□□□□
a kind of 〜
一種の〜

kind は「種類」の意味で、直訳は「〜の中の (of) 一種 (a kind)」ですが、前から「一種の〜」と考えるとキレイに訳せることもあります。

373 ☑□□□□□
a pair of 〜
一足の〜・一対の〜

2つで1セットを日本語でも「ペア」と言いますね。英語では a pair of shoes のほか、a pair of gloves、a pair of glasses などと使われます。

374 ☑□□□□□
a piece of 〜
1つの〜（1個の〜・1本の〜・1枚の〜）

piece は「ひとかけら」という意味です（パズルの「ピース」のイメージ）。a piece of 〜で「〜のひとかけら」で、" 〜 " には paper、bread、information などがきます。

375 ☑□□□□□
a couple of 〜
2つの〜・2人の〜・2、3の〜

couple は「2つ」のイメージが強いと思いますが、a couple of 〜は、「2つ」の意味でも a few 〜と同じ「2、3の〜」の意味でも使えます。

376 ☑□□□□□
a number of 〜
たくさんの〜

number は本来「数」なので、そこから a number of 〜「たくさんの〜・いくつかの〜」となりました。後ろには「数えられる名詞（可算名詞）」がきます。great で強調して、a great number of 〜「非常にたくさんの〜」と言うこともできます。

377 ☑□□□□□
a large amount of 〜
多大な量の〜

amount は「量」という意味で、large「大きい」は amount の説明にも使えて a large amount of 〜で「たくさんの量の〜」となります。

378 ☑□□□□□
a friend of mine
私の友だちの1人

ここでの mine は my friends のことで、「（複数いる）私の友だちのなかの (of mine) 友人1人 (a friend)」ということです。話の中で「友だちが」と言うときはいきなり my friend と言うのでなく、この a friend of mine を使うのが普通なんです。

379 ☑□□□□□
another cup of 〜
もう1杯の〜

another は "an+other"「もう1つの」という意味です。「もう1つの (another) カップの (cup)」→「もう1杯の〜」です。おかわりがほしいときに I'd like another cup of coffee.「コーヒーがもう1杯ほしい」と言ってみましょう。

380 ☑□□□□□
carry 〜 around
〜を持ち歩く

around は「〜の周りで」という意味で、「〜を運んで (carry) 周辺をうろうろする (around)」イメージから「〜を持ち歩く」と覚えてください。ちなみに、この around は副詞なので直後に名詞は不要です（気にしなくていいことですが）。

ZONE 1 [001 - 100]
ZONE 2 [101 - 200]
ZONE 3 [201 - 300]
ZONE 4 [301 - 400]
ZONE 5 [401 - 500]
ふろく まとめて覚える単語・表現

---

381 ☑□□□□□

show 人 around
人を案内して回る

show は「見せる」→「案内する」という意味があります。「人に周辺を (around) 案内する」ということです。

---

382 ☑□□□□□

all year round
1年じゅう

「1年 (year) の周辺 (round) すべて (all)」から「1年じゅう」と覚えてください。

---

383 ☑□□□□□

pass around 〜
〜を順々にまわす

around は「ぐるっとひと回りする」イメージで、「ひと回りするように (around) 渡す (pass)」→「順々にまわす」となります。「回覧板をまわす」イメージです (古いたとえですが)。

---

384 ☑□□□□□

run after 〜
〜を追いかける

直訳「〜の後ろを (after) 走る (run)」→「〜を追いかける」と覚えればカンタンですね。

---

385 ☑□□□□□

after school
放課後

school は「学校」のほかに「授業」という意味があります。「授業 (school) の後 (after)」→「放課後」です。

---

386 ☑□□□□□

the day after tomorrow
あさって

「明日 (tomorrow) の後 (after) の日 (the day)」→「あさって」となります。

---

387 ☑□□□□□

after a while
しばらくした後に

while には「少しの時間」という意味があり、「少しの時間 (a while) の後 (after)」→「しばらくして」となりました。for a while「しばらくの間」と区別してください。

---

388 ☑□□□□□

name A after B
BにちなんでAと名づける

name は名詞「名前」のほか、動詞「名づける」の意味があります。after は「後を追う」イメージで、「模倣 (〜にならって→〜にちなんで)」の意味です。

---

389 ☑□□□□□

look like 〜
〜のように見える・〜のようだ

look＋形容詞「〜に見える」という形もありますが、look の後ろに名詞がくる場合は "look like 名詞"「〜のように見える・〜のようだ」の形になります。この like は「〜のように」という前置詞です。

---

390 ☑□□□□□

sound like 〜
〜のように聞こえる・〜のようだ

look＋形容詞「〜のように見える」に対して、"look like 名詞" と同じ考え方で、sound の後ろに名詞がくるときは、前置詞 like を使って "sound like 名詞"「〜のように聞こえる・〜のようだ」の形になります (形容詞がくるときは sound＋形容詞「〜のように聞こえる」の形です)。

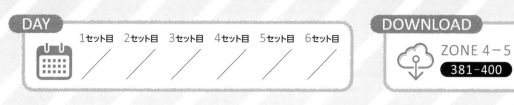

1セット目　2セット目　3セット目　4セット目　5セット目　6セット目

DOWNLOAD

ZONE 4－5
381–400

---

391 ☑☐☐☐☐☐

feel like –ing
～したい気がする

like は前置詞「～のように」で、「～する (-ing) ように (like) 感じる (feel)」→「～したいように感じる」→「～したい気がする」となりました。

---

392 ☑☐☐☐☐☐

be known as ～
～として知られている

前置詞 as は「～として」なので、「～として (as) 知られている (be known)」ということです。be known to ～「～に知られている」（**320** 083 ページ）としっかり区別してください。

---

393 ☑☐☐☐☐☐

as usual
いつもどおり

この as は「～のように」という意味です。直訳「いつも (usual) と同じように (as)」→「いつもどおり」となりました。usual を使った熟語として than usual「いつもよりも」もあわせておさえてください。

---

394 ☑☐☐☐☐☐

because of ～
～が原因で・～のために

because of ～で1つの前置詞のカタマリと考えてください (of の後ろには名詞がきます)。ちなみに because 単独の場合は接続詞で、後ろには sv が続きます。

---

395 ☑☐☐☐☐☐

instead of ～
～の代わりに

because of ～と同様に instead of ～で1つの前置詞のカタマリと考えてください。「～の代わりに」という変更点を伝えるので大事です。アナウンスによく使われます。

---

396 ☑☐☐☐☐☐　バリエーション

Here you go.
はい、どうぞ。

「相手に物を渡すときは Here it is. や Here you are.」と習うことが多く、確かに大事な表現ですが、Here you go. という言い方もよく使われます。

---

397 ☑☐☐☐☐☐　バリエーション

Just a minute.
少々お待ちください。

友だち同士の会話で「ちょっと待って」と言うときのほか、お店で店員が在庫を確認するときに客に「少々お待ちください」と言うときなど幅広く使える表現です。minute 以外に moment「一瞬」や second「秒」という単語を使っても同じ意味です。

---

398 ☑☐☐☐☐☐　バリエーション

around the world
世界中で・世界中の

「世界中」というときは all over the world（**090** 030 ページ）が有名ですが、around the world「世界 (the world) の周辺で (around)」→「世界中で」も同じ意味です。

---

399 ☑☐☐☐☐☐　バリエーション

That's kind of you.
ご親切にどうもありがとう。

「あなたは (of you) 親切 (kind) ですね」→「ご親切にどうもありがとう」となりました。いつも Thank you. ばかりではなく、たまにこの表現を使ってもいいでしょう。

---

400 ☑☐☐☐☐☐　バリエーション

Same here.
私も。

相手の発言に合わせて「私も」と言うときに使えます。肯定文を受けるときは Me, too.「私も～です」(Me too. とコンマを使わない表記もあります)、否定文を受けるときは Me neither.「私も～ではない」のように使いわけますが、Same here. は肯定文と否定文のどちらを受けても「私も」の意味で使えます。

ZONE 1 [001 – 100]
ZONE 2 [101 – 200]
ZONE 3 [201 – 300]
ZONE 4 [301 – 400]
ZONE 5 [401 – 500]
ふろく まとめで覚える単語・表現

ZONE 4
確認問題

問題

次の英語の意味をそれぞれ❶～❻から選びなさい。

01　(1) suffer from ～　　　(2) invite A to B　　　(3) say to oneself
　　　(4) be popular with ～　 (5) get away from ～　 (6) under the law

❶ AをBに招待する ／ ❷ ～に人気がある ／ ❸ ～で苦しむ ／ ❹ 法の下で
❺ ～から逃げ出す・～から離れる ／ ❻ 心の中で言う・独りごとを言う

02　(1) talk with 人　　 (2) become friends with ～　 (3) get back from ～
　　　(4) protect ～ from ...　 (5) introduce A to B　　　(6) be filled with ～

❶ ～でいっぱいだ ／ ❷ 人と話す ／ ❸ ～を…から守る
❹ AをBに紹介する・AをBに導入する ／ ❺ ～と友だちになる ／ ❻ ～から戻る

03　(1) begin with ～　　　(2) compare A with B　　 (3) What's the matter with ～?
　　　(4) be far from ～　　 (5) say hello to 人　　 (6) talk to 人

❶ ～はどうしたのですか？ ／ ❷ 決して～ではない・～から遠くにいる
❸ 人によろしく伝える ／ ❹ ～で始まる ／ ❺ 人に話しかける ／ ❻ AをBと比較する

04　(1) pay attention to ～　 (2) have a headache　　 (3) What's wrong (with ～)?
　　　(4) catch a cold　　　 (5) be busy with ～　　 (6) die from ～

❶ 頭痛がする ／ ❷ ～で死ぬ ／ ❸ (～は) どうしたのですか？
❹ 風邪をひく ／ ❺ ～に注意を払う ／ ❻ ～で忙しい

05　(1) free from ～　　 (2) come down with the flu　 (3) be from ～
　　　(4) move to ～　　 (5) agree with ～　　　　 (6) close to ～

❶ ～に引っ越す ／ ❷ インフルエンザにかかる ／ ❸ ～がない
❹ ～出身である・～産である ／ ❺ ～に賛成する ／ ❻ ～の近くに

解答

01	(1) ❸	(2) ❶	(3) ❻	(4) ❷	(5) ❺	(6) ❹
02	(1) ❷	(2) ❺	(3) ❻	(4) ❸	(5) ❹	(6) ❶
03	(1) ❹	(2) ❻	(3) ❶	(4) ❷	(5) ❸	(6) ❺
04	(1) ❺	(2) ❶	(3) ❸	(4) ❹	(5) ❻	(6) ❷
05	(1) ❸	(2) ❷	(3) ❹	(4) ❶	(5) ❺	(6) ❻

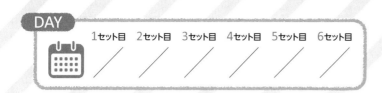
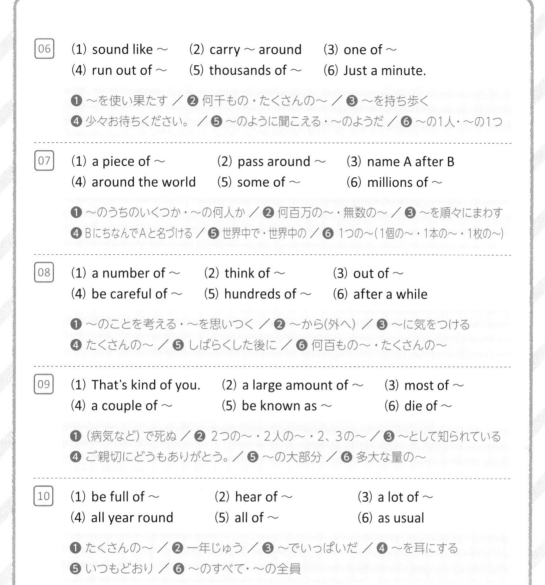

06　(1) sound like ～　　(2) carry ～ around　　(3) one of ～
　　(4) run out of ～　　(5) thousands of ～　　(6) Just a minute.

❶ ～を使い果たす ／ ❷ 何千もの・たくさんの～ ／ ❸ ～を持ち歩く
❹ 少々お待ちください。 ／ ❺ ～のように聞こえる・～のようだ ／ ❻ ～の1人・～の1つ

07　(1) a piece of ～　　　　(2) pass around ～　　(3) name A after B
　　(4) around the world　　(5) some of ～　　　　(6) millions of ～

❶ ～のうちのいくつか・～の何人か ／ ❷ 何百万の～・無数の～ ／ ❸ ～を順々にまわす
❹ BにちなんでAと名づける ／ ❺ 世界中で・世界中の ／ ❻ 1つの～(1個の～・1本の～・1枚の～)

08　(1) a number of ～　　(2) think of ～　　　(3) out of ～
　　(4) be careful of ～　(5) hundreds of ～　(6) after a while

❶ ～のことを考える・～を思いつく ／ ❷ ～から(外へ) ／ ❸ ～に気をつける
❹ たくさんの～ ／ ❺ しばらくした後に ／ ❻ 何百もの～・たくさんの～

09　(1) That's kind of you.　　(2) a large amount of ～　　(3) most of ～
　　(4) a couple of ～　　　　(5) be known as ～　　　　　(6) die of ～

❶ (病気など)で死ぬ ／ ❷ 2つの～・2人の～・2、3の～ ／ ❸ ～として知られている
❹ ご親切にどうもありがとう。 ／ ❺ ～の大部分 ／ ❻ 多大な量の～

10　(1) be full of ～　　(2) hear of ～　　(3) a lot of ～
　　(4) all year round　(5) all of ～　　(6) as usual

❶ たくさんの～ ／ ❷ 一年じゅう ／ ❸ ～でいっぱいだ ／ ❹ ～を耳にする
❺ いつもどおり ／ ❻ ～のすべて・～の全員

06　(1) ❺　　(2) ❸　　(3) ❻　　(4) ❶　　(5) ❷　　(6) ❹
07　(1) ❻　　(2) ❸　　(3) ❹　　(4) ❺　　(5) ❶　　(6) ❷
08　(1) ❹　　(2) ❶　　(3) ❷　　(4) ❺　　(5) ❻　　(6) ❺
09　(1) ❹　　(2) ❻　　(3) ❺　　(4) ❺　　(5) ❸　　(6) ❶
10　(1) ❸　　(2) ❹　　(3) ❶　　(4) ❷　　(5) ❻　　(6) ❺

ZONE 1 [001 - 100]
ZONE 2 [101 - 200]
ZONE 3 [201 - 300]
ZONE 4 [301 - 400]
ZONE 5 [401 - 500]
ふろく まとめて覚える単語・表現

093

問題

英文の正しい日本語訳になるように、空所を埋めなさい。

（1） I walked from Shinagawa to Shibuya.

私は（　　　　　　　）歩きました。

（2） I haven't heard from my son for a long time.

長い間、息子から（　　　　　　　）。

（3） I promise I'll be nice from now on.

（　　　　　　　）優しくするって約束するよ。

（4） She was absent from school yesterday.

彼女は昨日学校を（　　　　　　　）。

（5） He is different from his brother.

彼はお兄さんとは（　　　　　　　）。

（6） I graduated from high school in 2000.

私は2000年に高校を（　　　　　　　）。

（7） I'll write to you when I arrive at the hotel.

ホテルに着いたらあなたに（　　　　　　　）つもりです。

解答

（1） 品川から渋谷まで

（2） 連絡がない

（3） これからは

（4） 休んだ・欠席した

（5） 違います・異なっています

（6） 卒業しました

（7） 手紙を書く

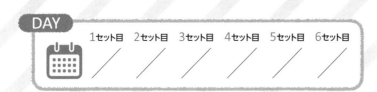
（8） This book is well known to children in Japan.
日本ではこの本は子どもたち（ 　　　　　　）。

（9） Do you listen to music?
あなたは音楽を（ 　　　　　）？

（10） Thanks to your help, I was able to finish the project on time.
あなたの手助け（ 　　　　　）、このプロジェクトを時間どおりに
終えることができました。

（11） He belongs to the sales department.
彼は営業部に（ 　　　　　）。

（12） My friend sat next to me.
友だちは（ 　　　　　）座った。

（13） I stayed with my cousin when I came to Tokyo.
東京へきたとき、いとこの家に（ 　　　　　）。

（14） I hope I can get along with my classmates.
クラスメイトと（ 　　　　　）いけるといいな。

ZONE 1 [001 – 100]

ZONE 2 [101 – 200]

ZONE 3 [201 – 300]

ZONE 4 [301 – 400]

ZONE 5 [401 – 500]

ふろく　まとめて覚える単語・表現

（8） によく知られている
（9） 聞きますか
（10） のおかげで
（11） 所属しています
（12） 私のとなりに

（13） 泊まりました
（14） 仲よくやって

問 題

(15) I shook hands with the principal.
私は校長先生と（　　　　　　）。

(16) My teacher always speaks with a smile on her face.
私の先生はいつも（　　　　　）話します。

(17) The car was completely covered with snow.
車は完全に雪で（　　　　　）。

(18) Can you help me with this math problem?
この数学の問題を（　　　　　）くれませんか？

(19) I had a stomachache this morning.
私は今朝、（　　　　　）。

(20) I think I have a fever.
私は（　　　　　）と思います。

(21) I'm afraid of spiders.
私はクモが（　　　　　）。

解 答

(15) 握手しました	(20) 熱がある
(16) 笑顔で	(21) 怖い（です）
(17) 覆われていました	
(18) 手伝って	
(19) お腹が痛かった	

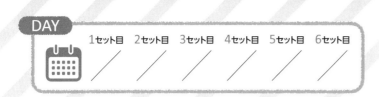
ZONE 1 [001 ～ 100]

ZONE 2 [101 ～ 200]

ZONE 3 [201 ～ 300]

ZONE 4 [301 ～ 400]

ZONE 5 [401 ～ 500]

ふろく まとめて覚える単語・表現

(22) I'm tired of eating hamburgers.
私はハンバーガーを食べるのに（　　　　）。

(23) I'm so proud of you.
あなたを本当に（　　　　）思います。

(24) He is a member of our club.
彼はうちの（　　　　）です。

(25) Both of my brothers like to play volleyball.
兄は（　　　　）バレーボールが好きです。

(26) There are lots of cats in this café.
このカフェには（　　　　）ネコがいます。

(27) It's a kind of vegetable.
それは野菜（　　　　）です。

(28) I bought my sister a pair of shoes.
姉に（　　　　）買ってあげました。

---

(22) 飽きました
(23) 誇りに
(24) 部員・クラブの一員
(25) 2人とも
(26) たくさんの

(27) の一種
(28) 靴を（一足）

問 題

(29) A friend of mine wants to meet you.
（　　　　　　）があなたに会いたがっています。

(30) Can I get another cup of coffee?
コーヒーを（　　　　　　）いただけますか？

(31) Can you show him around the city?
彼に街中を（　　　　　　）？

(32) The children ran after the butterfly.
子どもたちはチョウを（　　　　　　）。

(33) What do you usually do after school?
あなたは（　　　　　　）は、たいてい何をしているの？

(34) Do you want to go shopping with me the day after tomorrow?
（　　　　　　）私と買い物に行きませんか？

(35) She looks like her mom.
彼女はお母さんに（　　　　　　）。

解 答

(29) 私の友だちの1人	(34) あさって
(30) もう1杯	(35) 似ています
(31) 案内してくれませんか	
(32) 追いかけた	
(33) 放課後	

(36)　I feel like eating ice cream.
　　　アイスを（　　　　　　）だ。

(37)　I had to go home because of a stomachache.
　　　腹痛（　　　　　　）、家に帰らなければならなかった。

(38)　I decided to eat apples instead of potato chips today.
　　　今日はポテトチップス（　　　　　　）リンゴを食べることにした。

(39)　Can you get me that blue book over there?
　　　— Sure. Here you go.
　　　あそこにある青い本をとってくれる？　—いいよ。（　　　　　　）。

(40)　I think the movie is going to be great. — Same here.
　　　この映画、きっと面白いよ。—（　　　　　　）。

ZONE 1 [001 – 100]

ZONE 2 [101 – 200]

ZONE 3 [201 – 300]

ZONE 4 [301 – 400]

ZONE 5 [401 – 500]

ふろく　まとめて覚える単語・表現

(36)　食べたい気分

(37)　が原因で・のために

(38)　の代わりに

(39)　はい、どうぞ

(40)　私も（そう思います）

イタリア語・スペイン語でも!

ボクは海外旅行が好きで、色々な国に行きましたが、特に
イタリアやスペインなど、(なぜかはわかりませんが) 英
語圏でない国が好きです。そういった国に行く前に、実は
この「1ヵ月メソッド」をやっているんです。イタリア語
など、これから行く国の単語・熟語帳を買ってきて、
1000個の暗記を1ヵ月前から始めます。

文法までやる余裕はないのですが、さすがに1000個も
覚えてしまえば、あいさつ、買い物、数字、レストランの
メニューなどはかなり読めますし、会話でも通じます (イ
タリア語やスペイン語の発音は英語よりもなぜかかなり通
じやすい)。

みなさんも、この本を終えた後も、本書のメソッドをいろ
んな場面で活用してくださいね。

500/500 表現

ZONE 5

英語表現 401-500

[文法中心の熟語]

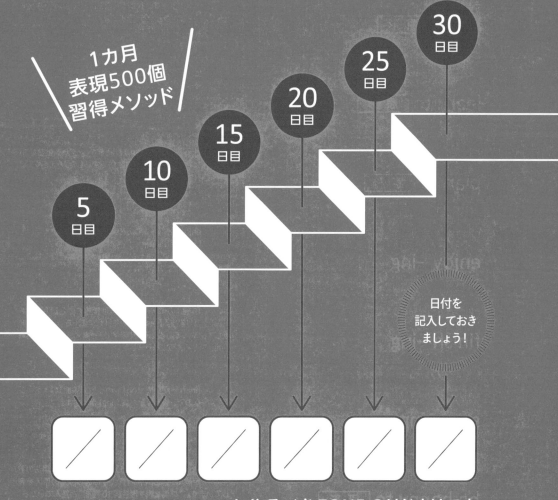

1カ月
表現500個
習得メソッド

5 日目
10 日目
15 日目
20 日目
25 日目
30 日目

日付を
記入しておき
ましょう!

にやるべき ZONE のはじまりです

401 ☑□□□□□ want to 原形 〜したい	「入試英作文で大事な表現を1つだけ教えてください」と言われれば、"want to 原形" を挙げます (to の後ろは「動詞の原形」が続きます)。入試問題では「何をしたいですか?」「何になりたいですか?」という質問が多いのでとても便利です。「〜になりたい」というときは "want to be 職業" のように be 動詞を使います。
402 ☑□□□□□ decide to 原形 〜しようと決心する	これからのことを言うときなど「未来志向」の意味が含まれる動詞は、後ろに "to 原形" が続きます (want to 原形 も「(これから) 〜したい」なので「未来志向」です)。decide は「(これからのことを) 決める・決心する」という意味なので「未来志向」、decide の後ろは "to 原形" が続きます。
403 ☑□□□□□ need to 原形 〜する必要がある	"to 原形" は名詞的用法の不定詞「〜すること」で、「〜することが (to 原形) 必要だ (need)」→「〜する必要がある」となりました。
404 ☑□□□□□ try to 原形 〜しようとする	try「試す」も「これから試す」と考え、「未来志向」のイメージです。直訳「〜することを (to 原形) 試す (try)」→「〜しようとする」です。
405 ☑□□□□□ learn to 原形 〜できるようになる	learn「学ぶ」が使われているので、「(学んで) 〜できるようになる」という意味です。
406 ☑□□□□□ plan to 原形 〜する計画だ・〜するつもりだ	plan は「(これからの) 計画をする・プランを立てる」なので「未来志向」の動詞です。したがって後ろには不定詞 (to 原形) が続きます。
407 ☑□□□□□ enjoy −ing 〜するのを楽しむ	enjoy -ing「〜するのを楽しむ」を覚えておくだけで I enjoyed eating.「食べるのを楽しんだ」、I enjoyed camping.「キャンプを楽しんだ」など様々なことを言えるようになりますよ。
408 ☑□□□□□ finish −ing 〜し終える	「中断」のイメージの動詞は後ろに動名詞 (-ing) をとります。finish「終える」は「中断」のイメージが発展して、「やっていることを中断する」と考え、後ろに動名詞 (-ing) をとるようになりました。
409 ☑□□□□□ stop −ing 〜するのをやめる	finish と同様に stop「やめる」も「中断」のイメージなので、後ろは動名詞 (-ing) がきます。
410 ☑□□□□□ be happy to 原形 〜してうれしい・喜んで〜する	"to 原形" は「原因 (〜して)」を表す副詞的用法の不定詞で、happy「うれしい」という感情の原因を表しています。"感情を表す形容詞 to 原形" と並んでいたら、"to 原形" は「〜して」と訳してみてください。

ZONE 1 [001 − 100]

ZONE 2 [101 − 200]

ZONE 3 [201 − 300]

ZONE 4 [301 − 400]

ZONE 5 [401 − 500]

ふろく まとめて覚える単語・表現

411 ☑□□□□□

be glad to 原形

〜してうれしい

"be happy to 原形" と同様に「原因（〜して）」を表す副詞的用法の不定詞を使った表現です。

---

412 ☑□□□□□

be sure to 原形

必ず〜する

sure は「確信して」という意味の形容詞で、be sure to 〜「〜するのを確信している」→「必ず〜する」となりました。命令文 Be sure to thank him.「必ず彼にお礼を言うんだよ」と使うことが多いです。sure は be sure of 〜や be sure that sv の形でも使います。

---

413 ☑□□□□□

be willing to 原形

進んで〜する

willing は will「〜する意志がある」から「（必要があれば）進んで〜する・快く〜する」ということです。

---

414 ☑□□□□□

in order to 原形

〜するために

"to 原形" だけでも「目的（〜するために）」を表せますが、"to 原形" の前に in order をつけることで「目的」の意味をハッキリさせた表現になります。

---

415 ☑□□□□□

how to 原形

どのように〜したらいいか・〜のやり方

やり方を示したマニュアルのようなものを「ハウツーもの」と日本語でも言います。to は不定詞なので後ろには原形が続きます。

---

416 ☑□□□□□

what to 原形

何を〜したらいいか

what to do「何をしたらいいか」、what to eat「何を食べたらいいか」、what to buy「何を買ったらいいか」のように使います。

---

417 ☑□□□□□

where to 原形

どこに〜したらいいか・どこで〜したらいいか

I didn't know where to go.「私はどこへ行けばいいかわからなかった」のように "疑問詞 + to 原形" は動詞の後ろ（目的語として）で使われることが多いです。

---

418 ☑□□□□□

when to 原形

いつ〜したらいいか

Please tell me when to start.「いつ始めればいいか教えてください」のように、"tell 人 物" の物の位置に "疑問詞 to 原形" がくることもあるんです。

---

419 ☑□□□□□

tell 人 **to** 原形

人に〜するように言う

"人 to 原形" の部分は「人が〜する」という意味関係があります。tell him to study「彼に勉強するように言う」なら「彼が勉強する」という関係です。

---

420 ☑□□□□□

ask 人 **to** 原形

人に〜するように頼む

tell 人 to 原形「人に〜するように言う」と同じ形をとり、ask 人 to 原形は「人に〜するように頼む」という意味になります。

421 ☑□□□□□

want 人 to 原形

人に~してもらいたい

"want to 原形" としっかり区別してください。"want to 原形" は「~したい」、"want 人 to 原形" は「人に~してもらいたい」という意味で、「人が~する」という意味関係があります。

422 ☑□□□□□

would like 人 to 原形

人に~してもらいたいのですが

want 人 to 原形「人に~してもらいたい」の want を would like に変えて、より丁寧な言い方にしたのが "would like 人 to 原形" です。

423 ☑□□□□□

help 人 {to} 原形

人が~するのを手伝う

help は tell や ask と同じように後ろに "人 to 原形" の形をとりますが、help のみ to を省略した "help 人 原形" の形でも OK なんです。高校入試では "help 人 to 原形"、"help 人 原形" の両方が出てきます。

424 ☑□□□□□

encourage 人 to 原形

人に~するよう励ます

encourage の en は「中にこめる」という意味があり、「人の中に (en)勇気を(courage)詰め込む」→「励ます」となりました。"人 to 原形" の部分は「人が~する」という意味関係になります。

425 ☑□□□□□

It is ~ (for 人) to 原形

(人が) …するのは~だ

「(人にとって) …するのは~だ」という訳し方もありますが、"for 人 to 原形" は「人が~する」の意味関係になるので「(人が) …するのは~だ」とするとキレイに訳せます (It は仮主語なので「それ」とは訳しません)。

426 ☑□□□□□

too ~ (for 人) to 原形

(人には) あまりにも~すぎて…できない

too は「~すぎる」、"to 原形" は「程度 (~するには)」の意味を表します。「(人が) …するには~すぎる」→「とても~なので (人は) …できない」となりました。

427 ☑□□□□□

~ enough (for 人) to 原形

(人が) …するほど~だ

" ~ " の部分には形容詞や副詞がきて enough に修飾される関係です (enough が形容詞や副詞を修飾するときは後ろからかかります)。"to 原形" は「程度 (~するのに)」です。

428 ☑□□□□□

feel free to 原形

自由に~する

「自由に~すること (free to ~) ように感じる (feel)」→「自由に~する」です。命令文 Feel free to ~. の形で「遠慮なく~してください」のように使います。

429 ☑□□□□□

forget to 原形

~するのを忘れる・~し忘れる

不定詞は「前向き・未来志向」のイメージなので、forget to 原形は「これから~するのを忘れる」→「~し忘れる」となります。「ついうっかり」という感じです。

430 ☑□□□□□

forget –ing

~したことを忘れる

動名詞は「後ろ向き・過去志向」のイメージです。forget -ing は「過去に~したことを忘れる」→「~したのを忘れる」です。こちらは「実際にやったことを忘れる」→「記憶がなくなった」という感じです。

DAY

1セット目 2セット目 3セット目 4セット目 5セット目 6セット目

／ ／ ／ ／ ／ ／

DOWNLOAD

ZONE 5－2

421-440

| 431 ☑□□□□□ | remember の後ろに不定詞が続いているので、「(これから)～するのを覚えている」と考えてください。会話では Remember to buy ～. 「～を買うのを覚えていてね (忘れないでね)」のように言います。 |
| **remember to** 原形
忘れずに～する | |

| 432 ☑□□□□□ | 動名詞は「後ろ向き・過去志向」のイメージなので、「(過去に)～したのを覚えている」となります。 |
| **remember –ing**
～したことを覚えている | |

| 433 ☑□□□□□ | as ～ as ... は「…と同じくらい～だ」ですが、否定文で使われると「…ほど～ない」という訳になり、「同じ」ではなく「差がある」表現になります。 |
| **not as ～ as ...**
…ほど～ない | |

| 434 ☑□□□□□ | "比較級 and 比較級" の形で「ますます～」という意味になります。more は、many や much の比較級なので more and more で「ますます多くの」です。 |
| **more and more**
ますます多くの | |

| 435 ☑□□□□□ | 「ほかのどの名詞よりも～だ」ということは「一番～だ」ということなので、最上級の意味を表します。比較級は 2 者間での比較、つまり「1 対 1」で比べるので、than any other の後ろの名詞は「単数形」になります。 |
| 比較級 **than any other** 名詞 (単形)
ほかのどの名詞よりも～だ | |

| 436 ☑□□□□□ | 「～の中の1つ」と言うときは「複数の中の1つ」ということなので、後ろの名詞は必ず「複数形」になります。 |
| **one of the** 最上級＋名詞 (複数形)
最も～な名詞の中の1つ | |

| 437 ☑□□□□□ | 「2 番目に～な名詞」と言うときは "the second+最上級＋名詞"の形にします。「3 番目」であれば、"the third+最上級＋名詞" となります。 |
| **the second+** 最上級 ＋ 名 詞
2番目に～な名詞 | |

| 438 ☑□□□□□ | 「できるだけ速く走りなさい」と言うときは Run fast. 「速く走りなさい」の副詞 fast を as ～ as possible で挟んで、Run as fast as possible. とします。 |
| **as ～ as possible**
できるだけ～ | |

| 439 ☑□□□□□ | 「～よりも」は than ですが、prefer A to B は than ではなく to を使います。ちなみに prefer はローマ帝国の公用語であった「ラテン語」を起源にした表現で、ちょっとほかの英語と使い方が異なる (than ではなく to を使う) のです。 |
| **prefer A to B**
BよりAが好きだ | |

| 440 ☑□□□□□ | 現在完了 (経験) の表現です。been は be 動詞の過去分詞形なので「存在 (いる)」の意味で、英語の世界では「～へ行った (to) 経験を持って存在している (been)」と考えます。 |
| **have been to** 場 所
～に行ったことがある | |

ZONE 1 [001－100]

ZONE 2 [101－200]

ZONE 3 [201－300]

ZONE 4 [301－400]

ZONE 5 [401－500]

ふろく まとめて覚える単語・表現

441 ☑□□□□□

have gone to 場所
~へ行ってしまった

"have been to 場所" 「~へ行ったことがある (現在完了の経験用法)」としっかり区別してください。have gone to ~は「~へ行ってしまった」→「行ってしまって今ここにいない」という意味です。

442 ☑□□□□□

not ~ yet
まだ~ない

yet は疑問文では「もう」と訳しますが、否定文 not ~ yet の形では「まだ~ない」となります。現在完了の文でよく使われます。

443 ☑□□□□□

人 has[have] been dead for ~
人が亡くなって期間がたつ

dead は形容詞「死んでいる」です。直訳は「~の間ずっと死んでいる」で、そこから「亡くなって期間がたつ」とするとキレイな訳になります。

444 ☑□□□□□

each other
お互いに・お互いを

each other は「代名詞扱い」です。つまり、動詞の直後 (know each other「お互いを知っている」) や、前置詞の後ろ (agree with each other「互いに意見が合う」) にくるので注意してください。

445 ☑□□□□□

a few ~
少しの~・少数の~

a few ~と few ~とではまったく意味が異なります。冠詞の a がついたときは「少しある」、a がつかなく few ~のときは「ほとんど~ない」という意味になります。

446 ☑□□□□□　英検3級

first of all
まず最初に

「すべての中で (of all) 最初に (first)」→「第一に・まず最初に」です。英検の英作文の問題では、「1つ目の理由を述べる」ときに使いたい表現です。

447 ☑□□□□□　英検3級

at first
最初は・初めのうちは

at first ~ , but... のように、but とセットで使われて、「最初は~だったが、その後は…だ」のように対比構造を作るときに使います。

448 ☑□□□□□　英検3級

like A better than B
BよりAが好きだ

AとBどちらが「より好き」なのかしっかり判別がつくようにしてください。物理的に like に近い「Aの方が好き」と覚えておきましょう。

449 ☑□□□□□　英検3級

like ~ the best
~が一番好きだ

「~がとても好きだ」は like ~ very much ですが、「~が一番好きだ」と言うときは like ~ the best を使います。

450 ☑□□□□□　英検3級

My favorite ~ is ....
私が一番好きな~は…だ。

favorite は「大好きな・一番好きな」なので、もともと「一番」という意味が含まれているわけです)。

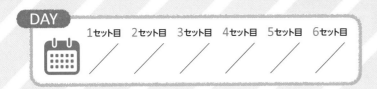

DOWNLOAD

ZONE 5－3
441-460

---

451 ☑☐☐☐☐☐

between A and B

　　　　　AとBの間に

> between は and とセットで使われることが多いので between A and B の形をしっかりおさえてください。高校入試では本当によく狙われる表現で、between や and が空所になることが多いのでしっかり書けるようにしておきましょう。

---

452 ☑☐☐☐☐☐

both A and B

　　　　　AとBの両方

> "A and B" だけでも同じ意味ですが「両方」を強調するときに "both A and B" の形にします。また、both A and B「AとBの両方とも」のカタマリが主語になるときは「複数」扱いです。

---

453 ☑☐☐☐☐☐

not only A but（also）B

　　　　　AだけでなくBも

> 「A はもちろんのこと、なんと B も」のように B を強調したいときに使います。

---

454 ☑☐☐☐☐☐

not A but B

　　　　　AではなくてB

> この形になったら but を「しかし」と訳さないでください。A と B を2つ並べられたときに「A ではなく B を拾い上げる」イメージです。

---

455 ☑☐☐☐☐☐

either A or B

　　　　　AかBのどちらか

> A or B「A または B」でもいいのですが、either をつけるとよりハッキリと「A か B のどちらか一方」という意味になります。

---

456 ☑☐☐☐☐☐

B as well as A

　　　　　Aと同様にBも

> 「A と同様に B も」という訳語から、原則は B を強調します。not only A but also B と同じ意味です。

---

457 ☑☐☐☐☐☐

so ～ that sv

　　　　　とても～なので sv する

> so は「とても」の意味、so ～ that のように so とセットで使われる that は「～なので」と訳すと、「とても～なので…」とキレイに訳せます。" ～ " には形容詞や副詞がきて、たとえば beautiful が入り、「とても美しいので…」のように使います。s は「主語」、v は「動詞」を表しています。

---

458 ☑☐☐☐☐☐

so ～ that s can't v

　　　　　とても～なので sv できない

> that は接続詞なので後ろは sv の整った文が続きます。that の後ろが s can't v「s は v することができない」の形になっていたら、too ～ to 原形「とても～なので…できない」の文に書きかえができます。

---

459 ☑☐☐☐☐☐

I'm afraid that sv.

　　　　　あいにくですが [申し訳ありませんが] ～です。

> 相手に言いにくいことを言わなければならない場面で、その内容の前に I'm afraid をつけて使います。「あいにくですが」「申し訳ありませんが」という感じです。

---

460 ☑☐☐☐☐☐

be able to 原形

　　　　　～することができる

> able は「能力がある」という意味の形容詞です。動詞ではないので be 動詞が必要です。to の後ろには動詞の原形がきます。

右側縦書きタブ：
ZONE 1 [001-100]
ZONE 2 [101-200]
ZONE 3 [201-300]
ZONE 4 [301-400]
ZONE 5 [401-500]
ふろく まとめて覚える単語・表現

DAY
1セット目 2セット目 3セット目 4セット目 5セット目 6セット目

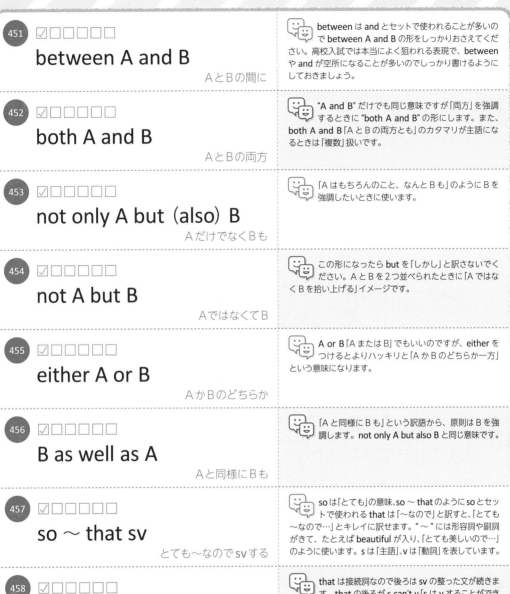

461 ☑□□□□□

You must not [原形] ～ .

　　　　　　　～してはいけません。

must は「義務」を表すので、否定文 "must not [原形]" は「～しないことが義務」→「～してはいけない」と「禁止」の意味になります。禁止の命令文 "Don't [原形] ～ ." と同じ意味です。

462 ☑□□□□□

have[has] to [原形]

　　　　　　　～しなければらならい

"have[has] to [原形]" は助動詞 must と同じように「～しなければならない」と訳し、外部から「プレッシャーがかかる」イメージの表現です。主語が3人称・単数なら has to となります。

463 ☑□□□□□

don't[doesn't] have to [原形]

　　　　　　　～する必要はない

"have[has] to [原形]" は「～しなければならない」ですが、否定文になると「～する必要はない」という「不必要」の意味になります。

464 ☑□□□□□

used to [原形]

　　　　　　　以前はよく～した(ものだ)

used to を1つの助動詞のカタマリとして考えてください。「過去の習慣」を表しますが、「(現在はそうではないが) 以前はよく～したものだ」のように現在と対比を作る表現です。

465 ☑□□□□□

be born in [場所]

　　　　　　　～で生まれる

born は bear「生む」という意味の過去分詞形で、be born の直訳は「生み出される」です。"be born in [年号]"「～年に生まれる」のような形でも使われます。

466 ☑□□□□□

be impressed with ～

　　　　　　　～に感動する

impress は「感銘を与える」で、受動態 be impressed で「感銘を与えられる」→「感動する」と能動で訳します。with 以外にも be impressed by ～のように by が使われることもあります。

467 ☑□□□□□

be moved by ～

　　　　　　　～に感動する・～に心を動かされる

move は本来「動く・動かす」という意味ですが、「人の心を動かす」→「感動させる」となりました。受動態 be moved で「感動させられる」→「感動する」です。

468 ☑□□□□□

what time

　　　　　　　何時に

時刻を問うときに What time is it?「(今) 何時ですか?」のように使います。what time で1つの疑問詞と考えてください。

469 ☑□□□□□

how old

　　　　　　　何歳

「どのくらい (how) 年をとった (old)」→「何歳」となりました。

470 ☑□□□□□

how much

　　　　　　　いくら

「値段」をたずねるときに使う疑問詞が how much で、「どのくらいの量のお金」→「いくら」となりました。How much is ～ ?「～はいくらですか?」の形で使います。

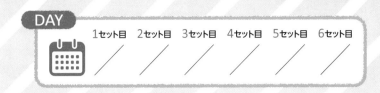

ZONE 5−4
461-480

471 how long
どのくらいの間・どのくらい長く

直訳は「どのくらい (how) 長く (long)」で、「期間」なら「どのくらいの間」、「長さ」なら「どのくらい長く」となります。「期間」を答えるときは For 〜 .「〜の間」や Since 〜 .「〜以来」の形を使います。

472 how often
どのくらいの頻度で

「頻度」を問う疑問詞です。「どのくらい (how) しばしば (often)」→「どのくらいの頻度で」となります。

473 how many 名詞 (複数形)
いくつの名詞

「数」を問うときに "How many 名詞 (複数形)" のカタマリで使います。many の後ろの名詞を複数形にするのがポイントです。

474 how many times
何回

time には「〜回」の意味があります。「どのくらい (how) 多くの (many) 回数 (times)」→「何回」となりました。

475 how far
どのくらい遠く

far は「遠い」なので「どのくらい (how) 遠い (far)」と距離をたずねるときに使う疑問詞です。

476 every year
毎年

every は「毎〜」の意味ですが、毎回の1つひとつが意識されるため後ろの名詞は単数形 (ここでは year) になります。

477 every day
毎日

every day は副詞の働きをします (「毎日 (〜する)」のように動詞を修飾します) が、everyday と1語にすると形容詞になります (everyday life「日常生活」)。しっかり区別してください。

478 last week
先週

last は「時間軸上のラスト」→「直近の」で、"last 〜" で「この前の〜」となります。last week は「この前の週」→「先週」です。

479 last year
昨年・去年

"last 〜" は「この前の〜」という意味ですが、last year なら「昨年・去年」、last week「先週」、last Friday「この前の金曜日」などいろいろな訳し方があります。

480 long ago
ずっと前に

ago は "〜 ago" の形で「〜前に」という意味です。long ago で「長い時間の前に」→「ずっと前に」という意味になりました。

ZONE 1 [001 − 100]
ZONE 2 [101 − 200]
ZONE 3 [201 − 300]
ZONE 4 [301 − 400]
ZONE 5 [401 − 500]
ふろく まとめて覚える単語・表現

DAY 1セット目 2セット目 3セット目 4セット目 5セット目 6セット目

DOWNLOAD

109

481 ☑□□□□□ **the other day** 先日	「(今日ではない過去の) ほかの (other) 日 (day)」→「先日」となりました。
482 ☑□□□□□ **these days** 最近は・近頃は	「(現在を含めて) 最近」という意味です。「昔と違って最近は」というイメージでよく使われます。
483 ☑□□□□□ **once upon a time** 昔々	日本語の昔話でも「昔々」が使われますが、その英語版が once upon a time です。「ワンサポナタイム」という感じでくっついて発音されます。
484 ☑□□□□□ **one day** ある日	「たくさんあるうちの1つの (one) 日 (day)」→「ある日」となりました。
485 ☑□□□□□ **some day** いつか	some には「とある」という意味があり、「(未来の) とある (some) 日 (day)」→「いつか」となりました。
486 ☑□□□□□ **some time** いつか・そのうち	some day と同じイメージで、「(未来の) とある (some) 時期 (time)」→「いつか・そのうち」と覚えてください。
487 ☑□□□□□ **some other time** また今度	この some は some day や some time と同じ使い方です。「(未来の) ある (some) 別の (other) 時期 (time)」→「いつかまた・また今度」です。
488 ☑□□□□□ **all day (long)** 1日じゅう	「その日の (day) 全部 (all)」→「1日じゅう」となりました。
489 ☑□□□□□ **right now** 今すぐ	「まさに (right) 今 (now)」→「今すぐに」となります。right は「右」で有名ですが、それ以外に「強調」の役割があり、right here なら「まさにここ」です。
490 ☑□□□□□ **the day before yesterday** 一昨日・おととい	直訳「昨日 (yesterday) の前の (before) 日 (the day)」→「一昨日」です。

491 ☑□□□□□
once a year
　1年に1回

> 冠詞の a や an には「〜につき」という意味があります。「1年につき (a year) 1度 (once)」→「年に1回」です。「年に2回」なら twice a year となります。

492 ☑□□□□□
feel well
　気分がよい

> well は「上手に」のほかに形容詞で「健康な・気分がよい」という意味があり、feel well で「(病気が治って) 気分がよい」です。似た表現の feel good は「(病気に関係なく) 気分がよい」となります。

493 ☑□□□□□
ask 人 a favor
　人にお願いする

> favor は「好意」という意味です (favorite「お気に入りの」と関連があります)。「人に好意 (favor) を頼む・求める」→「人にお願いする」となりました。

494 ☑□□□□□
name A B
　AをBと名づける

> name は名詞「名前」のほかに動詞で「名づける」という意味があります。後ろに名詞を2つ続けて name A B「AをBと名づける」となります。

495 ☑□□□□□
call A B
　AをBと呼ぶ

> call は「電話する」のほかに「〜と呼ぶ」という意味があります (自己紹介で Call me 〜.「私を〜と呼んでください」を使います)。call A B で「AをBと呼ぶ」という意味になります。

496 ☑□□□□□ 英検3級
I think {that} sv.
　私はsvすると思う。

> 自分の意見や考えを書くときに I think に文を続けて書きます。that は接続詞で省略することができるので I think sv. となることもよくあります。

497 ☑□□□□□ 英検3級
I have two reasons.
　理由は2つあります。

> 英検の英作文の問題では自分の意見を述べたら、理由を続けます。I have two reasons. を使って、あらかじめ「理由は2つあります」と言っておくだけで、きちんとしている印象を与えることができます。

498 ☑□□□□□ 英検3級
One reason is that sv.
　1つ目の理由はsvだ。

> 英作文の問題で理由を書くときに便利です。この that は接続詞で that の後ろには「主語と動詞」が続きます。×) One reason is because 〜 という言い方をするネイティブも多いのですが、正しくは that なんです。

499 ☑□□□□□ 英検3級
That is why sv.
　こういうわけでsvだ。

> "原因・理由 . That is why 結果" という関係が大事です (That は直前の「原因・理由」を表す文を受けます)。英作文の問題でこの表現を使うときは That is why の前後の内容をしっかり確認してください。

500 ☑□□□□□ 英検3級
make A B
　AをBにする

> make は「作る」の印象が強いと思いますが、「AをBにする」という、この使い方が一番よく出てきます。The news made me sad.「その知らせが私を悲しませた」→「その知らせを聞いて私は悲しかった」のように使います。

ZONE 5

確認問題

問 題

次の英語の意味をそれぞれ❶〜❻から選びなさい。

01 (1) plan to 原形　　(2) be sure to 原形　　(3) more and more
(4) 〜 enough (for 人) to 原形　　(5) each other　　(6) be willing to 原形

❶ お互いに・お互いを ／ ❷ 進んで〜する ／ ❸ ますます多くの
❹ 〜する計画だ・〜するつもりだ ／ ❺ (人が) …するほど〜だ ／ ❻ 必ず〜する

02 (1) too 〜 (for 人) to 原形　　(2) the second+最上級+名詞　　(3) first of all
(4) 人 has [have] been dead for 〜　　(5) ask 人 to 原形　　(6) be glad to 原形

❶ 人 が亡くなって 期間 がたつ ／ ❷ 〜してうれしい ／ ❸ (人には) あまりにも〜すぎて…できない
❹ 2番目に〜な 名詞 ／ ❺ まず最初に ／ ❻ 人 に〜するように頼む

03 (1) encourage 人 to 原形　　(2) need to 原形　　(3) when to 原形
(4) forget to 原形　　(5) one of the 最上級+名詞 (複数形)　　(6) at first

❶ 〜するのを忘れる・〜し忘れる ／ ❷ 人 に〜するよう励ます ／ ❸ 〜する必要がある
❹ いつ〜したらいいか ／ ❺ 最初は・初めのうちは ／ ❻ 最も〜な 名詞 の中の1つ

04 (1) have gone to 原形　　(2) remember −ing　　(3) help 人 {to} 原形
(4) try to 原形　　(5) stop −ing　　(6) would like 人 to 原形

❶ 〜したことを覚えている ／ ❷ 人 に〜してもらいたいのですが ／ ❸ 〜へ行ってしまった
❹ 〜するのをやめる ／ ❺ 〜しようとする ／ ❻ 人 が〜するのを手伝う

05 (1) learn to 原形　　(2) how to 原形　　(3) feel free to 原形
(4) forget −ing　　(5) prefer A to B　　(6) a few 〜

❶ 〜したことを忘れる ／ ❷ 自由に〜することができる ／ ❸ 〜できるようになる
❹ 少しの〜・少数の〜 ／ ❺ BよりAが好きだ ／ ❻ どのように〜したらいいか・〜のやり方

解 答

01	(1) ❹	(2) ❻	(3) ❸	(4) ❺	(5) ❶	(6) ❷
02	(1) ❸	(2) ❹	(3) ❺	(4) ❶	(5) ❻	(6) ❷
03	(1) ❷	(2) ❸	(3) ❹	(4) ❶	(5) ❻	(6) ❺
04	(1) ❸	(2) ❶	(3) ❻	(4) ❺	(5) ❹	(6) ❷
05	(1) ❸	(2) ❻	(3) ❷	(4) ❶	(5) ❺	(6) ❹

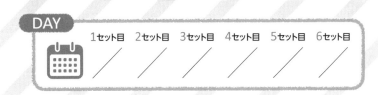

06　(1) the day before yesterday　(2) right now　(3) be moved by ～
　　(4) not A but B　　　　　　　(5) how far　　(6) between A and B

❶ 今すぐ ／ ❷ ～に感動する・～に心を動かされる ／ ❸ AとBの間に
❹ どのくらい遠く ／ ❺ 一昨日・おととい ／ ❻ AではなくてB

07　(1) used to 原形　(2) all day (long)　(3) last year
　　(4) feel well　　(5) some day　　　(6) B as well as A

❶ Aと同様にBも ／ ❷ 以前はよく～した(ものだ) ／ ❸ 気分がよい
❹ 昨年・去年 ／ ❺ 1日じゅう ／ ❻ いつか

08　(1) some time　(2) how many times　(3) so ～ that s can't v
　　(4) not only A but (also) B　(5) how long　(6) I have two reasons.

❶ 何回 ／ ❷ とても～なのでsvできない ／ ❸ AだけでなくBも
❹ いつか・そのうち ／ ❺ 理由は2つあります。 ／ ❻ どのくらいの間・どのくらい長く

09　(1) how often　(2) don't[doesn't] have to 原形　(3) these days
　　(4) once upon a time　(5) I think {that} sv.　(6) once a year

❶ 1年に1回 ／ ❷ 昔々 ／ ❸ どのくらいの頻度で ／ ❹ 私はsvすると思う。
❺ 最近は・近頃は ／ ❻ ～する必要はない

10　(1) what time　(2) be able to 原形　(3) long ago
　　(4) some other time　(5) every year　(6) One reason is that sv.

❶ また今度 ／ ❷ 1つ目の理由はsvだ。 ／ ❸ 何時に ／ ❹ ～することができる
❺ ずっと前に ／ ❻ 毎年

ZONE 1 [001 – 100]
ZONE 2 [101 – 200]
ZONE 3 [201 – 300]
ZONE 4 [301 – 400]
ZONE 5 [401 – 500]
ふろく　まとめて覚える単語・表現

	(1)	(2)	(3)	(4)	(5)	(6)
06	❺	❶	❷	❻	❹	❸
07	❷	❺	❹	❸	❻	❶
08	❹	❶	❷	❸	❻	❺
09	❸	❻	❺	❷	❹	❶
10	❸	❹	❺	❶	❻	❷

問 題

英文の正しい日本語訳になるように、空所を埋めなさい。

（1） I want to live in Canada.
私はカナダに（　　　　　　）。

（2） I decided to move to Kagoshima.
私は鹿児島県に（　　　　　　）。

（3） I enjoyed going to the summer festival with you.
私はあなたと一緒に夏祭りに（　　　　　　）。

（4） I finished reading the book that you gave me.
あなたにもらった本を（　　　　　　）。

（5） I was happy to see my grandfather.
私は祖父に（　　　　　　）。

（6） We need to go to school in order to graduate.
私たちは（　　　　　　）学校に行く必要があります。

（7） I don't know what to wear to the party.
パーティーに（　　　　　　）わからない。

解 答

（1） 住みたいです

（2） 引っ越そうと決心しました

（3） 行くのを楽しみました

（4） 読み終えました

（5） 会えてうれしかった

（6） 卒業するために

（7） 何を着ていけばいいか

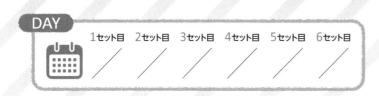

ZONE 1 [001 – 100]

ZONE 2 [101 – 200]

ZONE 3 [201 – 300]

ZONE 4 [301 – 400]

ZONE 5 [401 – 500]

ふろく　まとめて覚える単語・表現

（ 8 ）　I haven't decided where to go yet.

まだ（　　　　　　）決めていません。

（ 9 ）　My mom told me to wash the dishes, but I forgot.

母は（　　　　　　）言いましたが、私は忘れました。

（10）　I want my family to be happy.

私は家族に（　　　　　　）。

（11）　It is important for me to get good grades.

私が（　　　　　　）は重要です。

（12）　Remember to lock the door.

ドアに鍵をかけるのを（　　　　　　）。

（13）　Her backpack is not as big as my backpack.

彼女のリュックは私のリュック（　　　　　　）です。

（14）　He is taller than any other student in our class.

彼はクラスの（　　　　　　）背が高いです。

（ 8 ）どこに行くか

（ 9 ）私にお皿を洗うように

（10）幸せでいてもらいたいです

（11）よい成績をとること

（12）忘れないでね

（13）ほど大きくない

（14）ほかのどの生徒よりも

問 題

(15) Call me as soon as possible.
（　　　　　　　）電話をください。

(16) I've been to Okinawa twice.
私は沖縄に２度（　　　　　）。

(17) He has not come home yet.
彼は（　　　　　）。

(18) I like orange juice better than apple juice.
私はリンゴジュース（　　　　　）です。

(19) I like the yellow dress the best.
私は黄色いドレスが（　　　　　）です。

(20) My favorite food is pizza.
（　　　　　）はピザです。

(21) I like both cats and dogs.
私は（　　　　　）好きです。

解 答

(15) できるだけ早く

(16) 行ったことがあります

(17) まだ帰ってきていません

(18) よりオレンジジュースが好き

(19) 一番好き

(20) 私の一番好きな食べ物

(21) ネコもイヌも両方

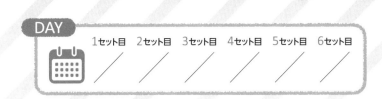

(22)　You can get either a dog or a cat.

イヌかネコ、（　　　　　　　）を飼っていいよ。

(23)　This book is so easy that you can finish it in an hour.

この本は（　　　　　　）１時間で読み終えることができます。

(24)　I'm afraid that we don't have any more bread.

（　　　　　　）パンは売り切れです。

(25)　You must not touch anything.

何も（　　　　　　）。

(26)　He has to go home now.

彼はもう（　　　　　　）。

(27)　I was born in Kumamoto.

私は熊本（　　　　　　）。

(28)　The teacher was impressed with his student's essay.

先生は生徒の作文に（　　　　　　）。

ZONE 1 [001～100]

ZONE 2 [101～200]

ZONE 3 [201～300]

ZONE 4 [301～400]

ZONE 5 [401～500]

ふろく　まとめて覚える単語・表現

(22) どちらか

(23) とても簡単なので

(24) あいにくですが・
　　申し訳ありませんが

(25) 触ってはいけません

(26) 帰らなければならない

(27) で生まれました

(28) 感動しました

117

問題

(29) How old is your sister?

あなたの妹は（　　　　　）ですか？

---

(30) How much does this pen cost?

このペンは（　　　　　）ですか？

---

(31) How many books are you going to bring?

あなたは（　　　　　）持って行きますか？

---

(32) I draw every day.

私は（　　　　　）絵を描きます。

---

(33) I went to the mall last week.

私は（　　　　　）、ショッピングモールに行きました。

---

(34) I saw her the other day.

（　　　　　）、私は彼女に会いました。

---

(35) One day, I found a bracelet on the ground.

（　　　　　）、私は地面にブレスレットが落ちているのを見つけました。

解答

(29) 何歳	(34) 先日
(30) いくら	(35) ある日
(31) 何冊の本を	
(32) 毎日	
(33) 先週	

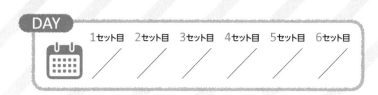

ZONE 1 [001 – 100]

ZONE 2 [101 – 200]

ZONE 3 [201 – 300]

ZONE 4 [301 – 400]

ZONE 5 [401 – 500]

ふろく まとめて覚える単語表現

(36)　Can I ask you a favor?
　　　（　　　　　）てもいいですか？

(37)　My cousin named her child Misaki.
　　　いとこは子どもをミサキと（　　　　　）。

(38)　Please call me Josh.
　　　僕をジョシュ（　　　　　）。

(39)　That is why my friends come to my house every weekend.
　　　（　　　　　）私の友だちは毎週末私の家に来ます。

(40)　My sister made me angry.
　　　妹が私を（　　　　　）。

(36) お願いをし
(37) 名づけました
(38) と呼んでください
(39) こういうわけで・だから
(40) 怒らせた

メンテナンスも忘れずに

「短期間で覚えたものは短期間で忘れるのでは？」と思う人もいるでしょう。一夜漬けならそうなりますよね。でも「1カ月6回繰り返す」と「長期記憶」のゾーンに入るようです。つまり「定着段階」となるわけです。

ただ、そうはいってもさすがに一生忘れないわけではありません。「月1メンテナンス」をしてください。月に1回、500個の英語表現を総チェックするのです。500個といっても、すでに6セットもやっているので1、2時間でチェックできるようになります。

「毎月〇日はメンテナンスの日」と決めてやってみてください。

ふろく

ここまで学習してきた表現の「基本動詞」や「基本前置詞」の核心をはじめ、本編では詳しく説明しきれなかった内容をコンパクトにまとめました。

※ここでは復習とまとめを目的としていますが、プラスアルファとして本書の見出しになっていない表現も加えてあります。

1. 基本動詞　　　2. 基本前置詞

3. 不定詞を目的語にとる動詞

4. 動名詞を目的語にとる動詞

5. 疑問詞 to 原形

6. 動詞 人 to 〜の形をとるもの

7. 受動態を使った表現　　　8. 基本助動詞の核心

9. last と ago の使い方

まとめて🔍覚える単語・表現

1. 基本動詞

正直、中学レベルでは「覚えてしまったほうがはやい」のが基本動詞なのですが、高校レベルになると核心を知っているかどうかで大きな差がつきます。今のうちに核心から考える習慣をつけておきましょう。

	核心	
☐ **take** 動 [téik] **テイク**	「とる」	核心は「とる」です。さらに「手に<u>とって</u>勝手に持ち出す」などと幅広く使われます。お店で買うものを決めたときに I'll take it.「それにします」(043 ページ) と言いますが、「買う物を手に<u>とって</u>持っていく」ということなんです。take を使った表現は、まずは「とる」から考えるようにしましょう。
☐ **make** 動 [méik] **メイク**	「(物や状況を)作る」	単に「(物を) 作る」ほかに「(状況など目に見えないものを) 作る」という意味もあります。make A B (111 ページ) は「AがBの状況を<u>作る</u>」→「AをBにする」ということです。
☐ **have** 動 [hǽv] **ハヴ**	「つかむ」 →「持っている」	基本は「持っている」で OK ですが、その「持っている "範囲"」が大変広く使われます。たとえば have a fever「熱がある」(086 ページ)、have a headache「頭痛がする」(086 ページ) のように「病気を<u>持っている</u>」というときにもよく使われます。
☐ **get** 動 [gét] **ゲット**	「手に入れる」 →「到達する」	「ゲット」するのイメージから、「(ゲットするために手を伸ばして) 到達する」と考えてください。get to ～「～に着く」(045 ページ) も「到達する」イメージですね。実は「到達」のイメージで get が使われる表現がたくさんあるんです。
☐ **come** 動 [kʌ́m] **カム**	「中心に向かって行く」	核心の「中心に向かっていく」から考えることで、たとえば I'm coming.「今、行きます」(030 ページ) は、「(話題の) 中心に向かう」とわかります。また、「中心に向かう」→「良い方向へ向かう」で使われるのが come true「実現する」(047 ページ) です。
☐ **go** 動 [góu] **ゴウ**	「中心から遠ざかる」	核心イメージは「中心から遠ざかる」で、go away「立ち去る・消える」(048 ページ) もこのイメージにピッタリです。また I'm coming.「今、いきます」と言うべきときに、I'm going. と言ってしまうと「(中心から離れて) 行く」→「立ち去る」という意味になってしまいます。
☐ **look** 動 [lúk] **ルク**	「視線を向ける」	核心イメージは「視線を向ける」です。look at ～ (049 ページ) は「一点に (at) 視線を向ける (look)」→「～を見る」、look for ～ (049 ページ) は「～を求めて (for) 視線を向ける (look)」→「～を探す」ですね。

2. 基本前置詞

前置詞の「核心」をおさえることで、将来役立つ、特に熟語の定着が格段によくなるのは、基本動詞と同じです。

□ at 前 [ǽt] アット	核心 「一点」	核心イメージは「一点」です。at Tokyo「東京で」(場所の一点)、at seven「7 時に」(時の一点)、look at ~「~を見る」は視線を一点に向けるということです。
□ for 前 [fɔ́:r] フォー	核心 「方向性」	核心イメージは「方向性」で、「ざっくりした矢印」をイメージしてください。「(気持ちが) ~に向いて」→「~を求めて・ために・賛成して」となります。
□ by 前 [bái] バイ	核心 「近接」	受動態の「~によって」の印象が強いですが、核心イメージは「近接」です。たとえば stand by the window「窓のそばに立つ」です。「~の近く (近接)」→「~の近くを通って」となり、「経由」の意味が生まれました。
□ in 前 [ín] イン	核心 「包囲」	核心イメージは「包囲」で、すっぽり包まれている感じです。たとえば in Japan「日本で」は「場所の包囲」です。また、sit in the sofa「ソファーに座る」は、「ふかふかのソファーにすっぽり包まれるように座っている」イメージです。
□ on 前 [án] オン	核心 「接触」	核心イメージは「接触」です。重力の関係で「~の上」と訳されることが多いだけで、上下左右どこかに接触していれば on を使います。たとえば「壁にかかっている絵」なら a picture on the wall です。
□ from 前 [frám] フラム	核心 「起点」	核心イメージは「起点 (~から)」です。「~から」→「~から離れて (分離)」という意味も生まれました。be absent from school なら「学校から離れている」→「学校を欠席する」ということです。
□ to 前 [tú:] トゥー	核心 「方向・到達・一致」	核心イメージは「方向・到達・一致」で、「きっちりゴールまで行きつく矢印」のイメージです (for はゴールに行きつくかどうかは不明)。from が「スタート地点」なのに対して to は「ゴール地点」という関係です。
□ with 前 [wíð] ウィズ	核心 「付帯」	核心イメージは「付帯」です。A with B は「A (メイン) with B (オマケ)」のイメージです。tea with lemon「レモンティー」なら、lemon はオマケですよね。
□ of 前 [áv] アヴ	核心 「分離・部分」	of の核心イメージは「分離・部分」でまったく反対の意味を持ちます。現代英語では「部分」、そこから派生した「所有」の意味でよく使われます (A of B は「Bの (うちの) A」ということです)。

3. 不定詞を目的語にとる動詞

to 不定詞の核心イメージは「未来志向」です。「前向き」なイメージで「これから〜する」というニュアンスの動詞は、後ろに "to 原形" がくることが多いです。また、「未来（これから1回起こる）」→「単発」のイメージも生まれました。

① 希望・同意

□ want to 〜　　　「〜したい」　　□ hope to 〜　「〜したい」

□ would like to 〜　「〜したい」　　□ wish to 〜　　「〜したい」

Takumi wants to play soccer with his friends.

　「タクミは友だちと一緒にサッカーをしたいと思っている」

---

② 計画・決心

□ plan to 〜　　「〜する計画だ」

□ decide to 〜　「〜しようと決心する」

I decided to visit Canada this winter.

　「私はこの冬にカナダを訪れようと決心した」

---

③ チャレンジ

□ try to 〜　「〜しようとする」

Becky tried to keep her desk clean.

　「ベッキーは自分の机をきれいにしておこうとした」

---

④ 単発

□ happen to 〜　「たまたま〜する」

My mother happened to meet Mr. Kimura at the bank.

　「私の母は銀行でたまたまキムラさんに会った」

ZONE 1 [001 ~ 100]

ZONE 2 [101 ~ 200]

ZONE 3 [201 ~ 300]

ZONE 4 [301 ~ 400]

ZONE 5 [401 ~ 500]

ふろく　まとめて覚える単語・表現

4. 動名詞を目的語にとる動詞

to 不定詞の「未来志向・前向き」なイメージに対して、動名詞は「消極的」→「中断」のイメージです。さらに、不定詞の「単発」に対して動名詞は「反復」のイメージも生まれました。

① 中断

- □ stop –ing 　　「～するのをやめる」
- □ give up –ing 　「～するのをあきらめる」
- □ finish –ing 　　「～し終える」

※finish も広い意味で「中断」のカテゴリーに入れます。

Ronald finished practicing karate at 9 p.m.

　「ロナルドは午後9時に空手の練習を終えた」

② 反復

- □ enjoy –ing 　「～するのを楽しむ」

※「楽しいこと」は「くり返し楽しむ」イメージです。

Brenda and Ronald enjoy running in the park after work.

　「ブレンダとロナルドは仕事後に公園を走るのを楽しんでいる」

125

5. 疑問詞 to 原形

疑問詞の後ろに "to + 原形" が続いてカタマリを作ります。訳だけでなく、ここでは使い方、つまり "疑問詞 to 原形" のカタマリが「名詞句（名詞のカタマリ）」になることも確認しておきましょう。

① 使い方（動詞の目的語になる）

名詞

I know Mike.　　　　　　「私はマイクを知っている」

　　　↓

I know how to cook fish.　「私は魚の料理のしかたを知っている」

※know の後ろには名詞がきます（Mike は名詞）。この名詞の部分に "疑問詞 to 原形" のカタマリが入るイメージです。

② 表現のまとめ

- □ how to ～　　　　「～の方法・～のしかた」
- □ what to ～　　　　「何を～したらいいか」
- □ where to ～　　　「どこで[に]～したらいいか」
- □ when to ～　　　　「いつ～したらいいか」
- □ what 名詞 to ～　　「何の[どんな]名詞を～したらいいか」

※"what 名詞 to ～" のように what と 名詞 でワンセットになる表現があります。訳も「何の[どんな] 名詞」のように "what 名詞" をセットにするのがポイントです。たとえば what book to read なら「何の本を読めばいいか」となります。

I know how to play chess.

　「私はチェスの遊び方を知っている」

I don't know what to do next.

　「次に何をすればいいのかわからない」

I don't know what food to bring to the party.

　「パーティーにどんな食べ物を持っていけばいいかわからない」

ZONE 1 [001 – 100]

ZONE 2 [101 – 200]

ZONE 3 [201 – 300]

ZONE 4 [301 – 400]

ZONE 5 [401 – 500]

ふろく まとめて覚える単語・表現

6. 動詞 人 to ～ の形をとるもの

動詞の直後に "to 原形" が続くのではなく、"動詞 人 to 原形" のように、動詞と "to 原形" 間に人が入るパターンがあります。"人 to 原形" は 「人が～する」 という意味関係になることが重要です。

① 比べてみよう

I want to go there.　　　　「私はそこへ行きたい」

　※「I が go する」 という意味関係

I want you to go there.　「私はあなたにそこへ行ってもらいたい」

　※「you が go する」 という意味関係

─────────────────────

② 表現のまとめ

□ tell 人 to ～　　「人が～するように言う」【命令のニュアンス】

□ ask 人 to ～　　「人が～するように頼む」【依頼のニュアンス】

□ want 人 to ～　「人が～することを望む」【希望のニュアンス】

I told her to come back next week.

　「来週またくるように、彼女に伝えた」

I asked my sister to help me with math.

　「姉に数学を手伝ってくれるようお願いした」

I wanted my brother to go to college.

　「私は兄(弟)には大学に行ってほしかった」

7. 受動態を使った表現

受動態（be 動詞＋過去分詞）は、by ～「～によって」が使われるイメージが強いかもしれませんが、by 以外の前置詞が使われる表現もたくさんあります。

① 感情系

□ be interested in ～ 「～に興味を持っている」 ※「(興味の) 範囲」を表す in

□ be surprised at ～ 「～に驚く」 ※「感情の対象の一点」を表す at

本来 interest「～に興味を持たせる」、surprise「～を驚かせる」で、それが受動態になり「(人が) 興味を持たされる」→「(人が) 興味を持つ」、「(人が) 驚かされる」→「(人が) 驚く」となりました。英語では受動態ですが日本語では能動の訳をするようになりました。

Yuji is interested in trains. 「ユウジは電車に興味がある」

I was surprised at my test score. 「私は自分のテストの点数に驚いた」

② 覆う系

□ be covered with ～ 「～で覆われている」 ※「道具 (～で)」を表す with

□ be filled with ～ 「～でいっぱいである」 ※「道具 (～で)」を表す with

The car was covered with snow. 「その車は雪で覆われていた」

The hall was filled with people. 「廊下は人でいっぱいだった」

③ その他

□ be known to ～ 「～に知られている」 ※「方向」を表す to

□ be born (in ～) 「～で[～に]生まれる」

※たとえば in Tokyo「東京で」(in は「場所の包囲」)、in 2007「2007 年に」(in は「時の包囲」)

The soccer player is known to soccer fans all over the world.
「そのサッカー選手は世界中のサッカーファンに知られている」

She was born in Yamagata in 2019.
「彼女は2019年に山形で生まれた」

ZONE 1 [001 – 100]

ZONE 2 [101 – 200]

ZONE 3 [201 – 300]

ZONE 4 [301 – 400]

ZONE 5 [401 – 500]

ふろく まとめて覚える単語表現

8. 基本助動詞の核心

助動詞は「核心」を理解することで、その助動詞を使う「感覚」がわかるようになります。

□ **can** 助 [kǽn] キャン	核心 「いつでも起こる」 ↓ 「〜できる」「ありえる」	「やれと言われればいつでもその動作が起こる」というのが核心イメージです。そこから「〜できる」、さらに「いつでも起こる可能性がある」から「ありえる」という意味が出てきます。
□ **will** 助 [wíl] ウィル	核心 「100%必ず〜する」 ↓ 「〜するつもりだ」 「〜でしょう」	will には名詞で「意志」「決意」「願望」「遺言」などかなり力強い意味があります。だから助動詞 will にも「100%必ず〜する」という強い意味があるんです。「〜するつもりだ」「〜でしょう」という訳の背景に「強い意志」を秘めているということです。
□ **may** 助 [méi] メイ	核心 「50%」 ↓ 「〜してもよい」 「〜かもしれない」	may の核心は「50%」です。「オススメ度50%」は「してもいいし、しなくてもよい」→「〜してもよい」、「予想率50%」は「そうかもしれないし、そうでないかもしれない」→「〜かもしれない」ということです。
□ **must** 助 [mʌ́st] マスト	核心 「これしかない」 ↓ 「〜しなければならない」 「〜にちがいない」	must は「これしかない」が核心イメージです。「こうするしかない」→「しなければならない」ですし、「こう考えるしかない」→「〜にちがいない」という意味になります。
□ **should** 助 [ʃúd] シュド	核心 「本来ならば〜 するのが当然」 ↓ 「〜するべきだ」 「〜したほうがよい」	「本来ならば〜するのが当然」という意味です。「〜すべきだ」という訳だけだと、お説教っぽい言い方に思われがちですが、「本来なら〜したほうがいいのでは」くらいの意味で、実は目上の人にも使える助動詞なんです。

9. last と ago の使い方

last week や long ago にも使われている last と ago はどちらも「過去形」の文と一緒に使いますが、使い方が少し異なります。

① last ～ 「この前の～」

- ☐ last 曜日　　この前の〇曜日
- ☐ last week　先週
- ☐ last month　先月
- ☐ last year　　去年

※last の後ろに単語をともなってカタマリを作ります。last は「時間軸上のラスト」→「この前の」という意味で、後ろの単語によっていろいろな訳し方をします。

Amy studied Japanese hard last year.
エイミーは去年、一生懸命日本語を勉強した。

She arrived in Japan last month.
彼女は先月、日本にやってきた。

She climbed Mt. Fuji last week.
彼女は先週、富士山に登った。

She left Japan last night.
彼女は昨夜、日本を発った。

② ～ ago 「～前に」

- ☐ two days ago　　2日前に
- ☐ three weeks ago　3週間前に
- ☐ four months ago　4ヵ月前に
- ☐ five years ago　　5年前に

※"～ ago" のように ago の前の語句とカタマリを作る点で last と異なります。ago は「(現在からみて) ～前に」という意味です (発音は「アゴー」ではなく「アゴゥ」です)。

Masa was born 19 years ago.
マサは19年前に生まれた。

He graduated high school 2 months ago.
彼は2カ月前に高校を卒業した。

He moved to Asahikawa 3 weeks ago.
彼は3週間前に旭川に引っ越した。

He found a job as a zookeeper 4 days ago.
彼は4日前に動物園の飼育員の仕事を見つけた。

He called me to tell me about his new job an hour ago.
彼は1時間前に新しい仕事について話すために私に電話してきた。

「1000単語習得法」は、大学受験生に「夏休み」に話すことはすでにお伝えしました。予備校の夏期講習は1週間ごとに授業があります。たとえばボクの授業が7月の最終週になったとしたら、夏休み中にボクが担当する授業はそれでおしまいなんです。翌週からは別の講座が始まります。ボク自身は別の校舎で授業をすることになります。ですから、夏期講習の最終日にこう話すんです。

…以上のやり方で1000単語を1カ月で覚えられるはず。明日から始めても夏休み中に1000個マスターできる。ぜひやってくれよな。で、9月の最初の授業で必ず聞くから。「夏に話した1000単語、やった人、手を挙げて！」って。そのとき、堂々と手を挙げられるか、はたまた気まずそうな苦笑いになるか…。頼むぞ！

そして実際に、9月の授業で聞きます。まだ予備校で教え始めた最初の数年は、手を挙げる生徒は6割くらいでした。ちょっと少ない気もするけど、手を挙げた生徒の顔はイキイキとしていました。

その後、この仕事を続けていって、年々とボクの説明がうまくなったのか、はたまた、先輩たちからその効果を聞いたのかはわかりませんが、次第に増えていき、あるときから、どのクラス・どの校舎でも、そして予備校が変わっても、確実に9割以上の生徒が手を挙げてくれるようになりました。95％以上というクラスも珍しくありませんでした。

絶景なんです。

普段、授業中に手を挙げるなんてことをしない、大人びた高校生たちが、堂々と手を挙げる。しかも教室の全体でそれが起きる。教壇から見るその光景は圧巻です。きっと生徒たち自身はもっと素晴らしい気持ちを抱いたはずです。

ぜひみなさんにも、あの快感を味わってほしいと思います。そしていつかどこかでお会いすることがあれば、言ってください。「1000単語、私もやりました！」と。

本書の姉妹本である『中学校3年間の英単語が1カ月で1000語覚えられる本』でこのように書いたところ、SNS上で、ボクへの手紙で、そしてなんとレストランで偶然ボクを見かけた40代の男性までが、「1000単語、やりました！」「1000単語メソッドで覚えました！」と伝えてくれました。本当にありがとうございます。そんなみなさんの感想を受けて、続編としての本書が生まれました。この本でも同じ感動を味わってほしいと思います。

関　正生

著者紹介

関　正生（せき・まさお）

◉──英語講師・語学書作家。1975年7月3日生まれ。埼玉県立浦和高校、慶應義塾大学文学部（英米文学専攻）卒業。TOEICテスト990点満点取得。

◉──リクルート運営のオンライン予備校「スタディサプリ」で、毎年、全国の小中高生・大学受験生140万人以上に講義を、また、大学生・社会人にTOEICテスト対策の講義を行っている。授業以外に、九州大学・明治学院大学、企業での講演も多数。

◉──おもな著書は、『カラー改訂版　世界一わかりやすい英文法の授業』（KADOKAWA）、『サバイバル英文法』（NHK出版新書）、『東大英語の核心』（研究社）、『中学校3年間の英単語が1ヵ月で1000語覚えられる本』『小学校5年生の英語が1冊でしっかりわかる本』『同6年生』（かんき出版）など100冊以上。NHKラジオ講座『基礎英語3』や『CNN ENGLISH EXPRESS』でコラムを連載中。

中学校3年間の英語表現500が1ヵ月で覚えられる本

2021年2月8日　第1刷発行
2024年11月5日　第5刷発行

著　者──関　正生
発行者──齊藤　龍男
発行所──株式会社かんき出版
　　　　　東京都千代田区麹町4-1-4 西脇ビル　〒102-0083
　　　　　電話　営業部：03（3262）8011代　編集部：03（3262）8012代
　　　　　FAX　03（3234）4421　　　　振替　00100-2-62304
　　　　　https://kanki-pub.co.jp/
印刷所──TOPPANクロレ株式会社

・カバーデザイン
　Isshiki
・本文デザイン
　鈴木　智則（ワーク・ワンダース）
・DTP
　フォレスト
・校正
　ェディット
・ナレーション
　Howard Colefield　Rachel Walzer
　片山公輔